PRESENTACIÓN

Este método es producto de la labor de un equipo de lingüistas y profesores de español como lengua extranjera de la Universidad de Alcalá, elaborado y puesto en práctica durante los años 1999 y 2000.

El Cuaderno de Ejercicios de Sueña 2, que corresponde al segundo nivel del método, se ha concebido como un elemento complementario para la clase, ya que ofrece al profesor y al estudiante ejercicios y actividades que pueden desarrollarse en el aula o constituir tarea para casa.

Está dividido en 10 lecciones en las que se trabajan los mismos contenidos del Libro del Alumno, bien como refuerzo de lo aprendido en clase, o bien como ampliación de algunas de las cuestiones tratadas.

Los ejercicios propuestos se integran, mediante un icono, en el Libro del Alumno. De esta manera se indica a los estudiantes qué actividades del Cuaderno practican de forma específica los contenidos del Libro donde se encuentra el icono. En el Libro del Profesor se recomienda qué ejercicios pueden desarrollarse en clase y cuáles deben mandarse para casa.

El Cuaderno de Ejercicios plantea diversas actividades, juegos y pasatiempos con los que se puede aprender y practicar el español de forma amena y divertida. Se cierra con las Claves o soluciones.

Finalmente, queremos expresar nuestro agradecimiento al Vicerrectorado de Investigación de la Universidad de Alcalá, que ha subvencionado el Proyecto de Investigación para estudios de léxico, titulado "Frecuencia de uso y estudio del léxico con especial aplicación a la enseñanza del español como lengua extranjera" (H004/2000); y muy especialmente al Vicerrector de Extensión Universitaria de esta Universidad, profesor Antonio Alvar Ezquerra, por haber acogido con entusiasmo nuestro proyecto y habernos prestado desde sus comienzos su inestimable apoyo y ayuda.

Vamos a conocernos

ámbito 1 **Aprendiendo a conocernos**

▶ Describir ciudades, situación geográfica, clima
▶ Comparar lugares, personas y costumbres

ámbito 2 ¡Qué familia!

▶ Hablar de la familia
▶ Describir características personales, estados de ánimo, sentimientos

1 Resuelve el siguiente juego de lógica y podrás descubrir, con los datos que te damos, el nombre de tres países hispanos, su capital, el nombre de sus habitantes y un objeto típico de cada uno de estos países.

1. La capital es Madrid y los habitantes del país se llaman españoles.

2. El país cuya capital es Buenos Aires tiene como objeto típico el mate.

3. En Perú el objeto típico es la quena.

4. La capital de Perú no es Madrid.

5. Los habitantes de Argentina se llaman argentinos y toman mate.

6. Los peruanos tienen como capital Lima.

7. En España el objeto típico es el abanico.

país	capital	habitantes	objeto típico

¿Sabes qué es una quena, un abanico y el mate? ¿Conoces los objetos típicos de otros países del mundo hispano?

2 Completa el siguiente cuadro.

	ser	estar
	soy	
tú		
él		está
usted		
nosotros		estamos
vosotros	sois	
ustedes		
ellos		están

3 Completa estas frases con *ser* o *estar*.

1. Mi profesora .... española.

2. Sergio .... el marido de María.

3. Hemos aprobado y .... muy contentos.

4. .... divertido viajar por España.

5. La cerveza .... caliente todavía, aunque .... en el congelador.

6. Este jersey .... bonito, pero me queda grande.

7. Mi hermano .... muy nervioso por sus exámenes.

8. Carlos y Pilar .... amigos de mis padres.

9. Mi hermano .... rubio.

10. El supermercado .... cerrado hasta las cinco.

11. Aquellos chicos rubios .... alemanes.

12. El coche .... aparcado en la plaza.

13. Lo siento, no puedo ayudarte, ... muy ocupada.

14. Elena y Rafa .... casados.

15. .... demasiado tarde para salir.

4 **Elige el verbo correcto y señala si son verdaderas o falsas las frases.**

1. México *(es / está)* en América del Norte.

2. Antigua *(es / está)* en Guatemala.

3. Madrid *(es / está)* la capital de España.

4. América Latina se *(es / está)* desarrollando tecnológicamente.

5. En España *(es / está)* verano cuando en Argentina *(es / está)* invierno.

6. Santiago de Chile *(es / está)* la ciudad más habitada de América.

7. Cuando en España *(son / están)* las doce de la mañana, en Perú *(son / están)* las seis de la tarde.

8. La Casa Rosa *(es / está)* en Paraguay.

9. El sol *(es / está)* la moneda de Argentina.

10. El bolívar *(es / está)* una moneda de Centroamérica.

5 **En España hay muchas ciudades con encanto. ¿Conoces Barcelona? ¿Sí? ¿No? ¡Vamos a descubrirla! Completa los espacios con *ser* o *estar*.**

Barcelona .... una ciudad típica del sur de Europa. .... progresista, industrial, burguesa y europea, pero también .... tradicionalista, popular, mediterránea. Barcelona .... asentada en una llanura. El centro político y ciudadano .... en la plaza de Sant Jaume; allí también .... el Ayuntamiento y la Generalitat.

Es una ciudad dividida en diferentes barrios y zonas. El centro .... ocupado por una gran extensión: el Ensanche. Entre el Ensanche y el centro .... la Barcelona vieja, que se divide en tres partes: la Barcelona antigua, el barrio del Raval y el barrio de la Ribera. De las tres, la más interesante .... la antigua. Éste es el núcleo más viejo y de mayor solera de Barcelona; .... conocido como el Barrio Gótico. La Rambla .... su calle más famosa y típica. A la izquierda de la Barcelona vieja .... la montaña de Montjuïc; a la derecha .... el parque de la Ciutadella, aquí .... el Parlamento, y también el Museo de Arte Moderno. Entre este parque y el puerto, adentrándose en el mar, ... el barrio marinero de La Barceloneta, que .... también muy típico.

Secretaría General de Turismo, *Guía Turespaña* (texto adaptado).

6 **Busca en la sopa de letras el nombre de siete fenómenos atmosféricos.**

R	N	N	K	U	O	S	T
U	I	S	I	T	R	P	S
J	E	R	S	E	S	U	O
I	B	P	T	U	R	S	L
V	L	E	D	R	O	I	D
I	A	S	E	R	U	T	A
E	X	P	A	T	M	O	C
N	L	L	C	H	O	P	C
T	C	T	A	P	A	A	H
O	E	E	R	S	T	L	U
M	S	A	O	N	O	B	
S	Ñ	I	M	T	E	I	A
U	P	V	O	L	M	D	S
P	Q	U	S	E	R	O	C
A	U	L	O	U	O	K	O
T	T	L	G	V	T	M	S

7 **Forma el femenino de las siguientes palabras.**

1. regordete
2. inteligente
3. feliz
4. menor
5. lluvioso

6. seductor
7. grandote
8. amable
9. andaluz
10. útil

8 **Completa las frases con un adjetivo.**

1. España es _____
2. Mi clase de español es _____
3. Mis compañeros son _____
4. Mi país es _____
5. El aula es _____
6. Mis amigos son _____
7. Mi profesora es _____
8. Mi casa es _____
9. Mi habitación es _____
10. Mi ciudad es _____

9 **Pon en singular y en femenino estas oraciones.**

1. Son unos chicos amables.
2. Mis sobrinos son comilones.
3. Algunas personas son valientes.
4. Nuestros tíos son andaluces.
5. Mis padres son marroquíes.
6. Esos chicos son muy habladores.
7. Tengo unos amigos belgas.
8. Ellos visten ropas juveniles.

9. Sus alumnos son simpáticos.
10. Los chicos de la derecha son alemanes.
11. Nosotros estamos contentos.
12. Los españoles son corteses.
13. Los brasileños son educados.
14. Ese chico es un gran hombre.
15. Los profesores son atentos.

Algunos adjetivos varían su significado si cambian de posición:
- **pobre:** *Es un pobre hombre = Es un hombre insignificante, desgraciado.*
  Es un hombre pobre = Es un hombre que no tiene dinero.
- **grande:** *Es una gran mujer = Es una mujer extraordinaria.*
  Es una mujer grande = Es una mujer alta, fuerte.
- **viejo:** *Es un viejo amigo = Es un amigo desde hace mucho tiempo.*
  Es un amigo viejo = Es un amigo de avanzada edad.

10 **Marca la opción con el significado correcto.**

1. Elena es una vieja amiga.

a) Es una amiga desde hace muchos años.

b) Es una amiga que tiene muchos años.

2. Montserrat es una gran mujer.

a) Es una mujer extraordinaria.

b) Es una mujer alta.

3. Ana es una mujer pobre.

a) Es una mujer que no tiene dinero.

b) Es una mujer insignificante.

4. Carlos es un hombre grande.

a) Es un hombre corpulento.

b) Es un hombre increíble, maravilloso.

11 **Establece comparaciones entre las siguientes ciudades.**

Salamanca

Madrid

Pamp

Laredo (Santander)

Vitoria

12 **Transforma las siguientes frases personales en otras en forma impersonal.**

1. El Premio Cervantes premia a los mejores escritores en lengua española.

2. Mis compañeras de piso duermen poco porque hace mucho calor.

3. En Alemania conducimos sin límite de velocidad.

4. Sus hermanos compran ropa en el centro.

5. Los habitantes de las grandes ciudades viven con mucho estrés.

6. En el restaurante ellos comen por 1.000 pts. (6,01 €) el menú.

7. Las personas aprenden mucho viajando.

8. Mi vecino vende un piso soleado a bajo precio.

9. Las agencias de viaje organizan viajes a Centroamérica.

10. Dicen que los precios subirán el próximo año.

13 **Fíjate en los siguientes objetos y sitúalos en la ciudad. Primero di qué son, después dónde están y, finalmente, dónde hay en tu ciudad.**

✓ *Es una farola.*
✓ *Está en la calle.*
✓ *Hay una en la Plaza de la Independencia.*

14 **Completa con *ser / estar / haber (hay) / tener.***

1. A las cuatro de la mañana no .... mucha gente en la calle.
2. Aquel chico rubio .... mi hermano pequeño.
3. La perfumería .... en el centro del pueblo.
4. ¿Qué .... detrás de la puerta?
5. Esto .... un periódico español.
6. Los bolígrafos .... encima de la mesa.
7. En mi casa .... dos cuartos de baño.
8. ¿Dónde .... la clase?
9. Mi pueblo .... dos piscinas cubiertas.
10. .... un chico esperándote en el bar.
11. Mi país .... al sur de Europa.
12. Disculpe, ¿.................... algún estanco cerca?
13. ¿Dónde .... mis apuntes?
14. España .... cerca de 40 millones de habitantes.
15. ¿Qué .... eso? .... un libro de geología.

15 **Coloca el artículo cuando sea necesario.**

1. .... clases comienzan a .... cuatro de la tarde.
2. .... señores Pérez les están esperando en el jardín.
3. .... Titicaca es uno de los lagos más importantes de América.
4. A Carlos le duele .... cabeza.
5. .... Europa es uno de los continentes más importantes.
6. En .... Andes el clima es muy diverso.
7. .... tiendas abren a .... cinco en invierno.
8. En Murcia está .... mar Menor.
9. ¿Dónde has puesto .... llaves?
10. .... Señor Pérez, lo llaman por teléfono.
11. ¿.......... Montañas Rocosas están en EE. UU.?
12. Todos .... lunes voy a jugar a .... bolos.
13. .... niño se ha roto .... pierna derecha.
14. ¿Dónde hay .... azúcar para el café?
15. ¿Por dónde pasa .... Orinoco?

16 Marca la opción correcta.

1. A Carlos le duele .... cabeza muchísimo.

a) el

b) la

c) ø

2. Nunca he visitado .... Madrid.

a) la

b) el

c) ø

3. .... señora Pérez es la directora del instituto.

a) la

b) el

c) ø

4. Una de las ciudades más bonitas del mundo es ... Habana.

a) la

b) el

c) ø

5. Estoy buscando .... sal, pero creo que no hay.

a) ø

b) el

c) la

6. Mi padre tiene artrosis en .... pierna derecha.

a) la

b) el

c) ø

7. El río más importante de América es .... Amazonas.

a) la

b) el

c) ø

8. .... Antonio es un estudiante modélico.

a) la

b) el

c) ø

9. .... verano es una de las estaciones más agradables en .... España.

a) el/la

b) el/ø

c) la/el

10. Estuvimos en ...... lago Titicaca .... lunes pasado.

a) el/el

b) ø/el

c) la/el

11. .... libros de texto son muy caros en .... España.

a) los/la

b) el/ø

c) los/ø

12. .... Excelentísimo señor D. Jesús Álvarez.

a) el

b) la

c) ø

13. La clase comienza a ...... cinco de la tarde todos .... días.

a) la/ø

b) las/los

c) ø/los

14. Necesito los ejercicios para .... próximo día.

a) la

b) el

a) ø

15. .... problema de .... Elena es tremendo.

a) el/la

b) la/ø

c) el/ø

1 Relaciona las siguientes sílabas y completa el juego del ahorcado.

yer	sue	cu	bri	pa
no	dras	gro	no	so
tro	to	do	bue	o
ma	pri	no	tí	mo
nie	ña	a	her	lo

	masculino	*femenino*
1. El marido de mi hermana es mi	_____	_____
2. El hijo del marido de mi hermana es mi	_____	_____
3. El marido de mi hija es mi	_____	_____
4. El padre de mi marido es mi	_____	_____
5. El segundo marido de mi madre es mi	_____	_____
6. El hijo de mi madre y mi padre es mi	_____	_____
7. El hijo de mi tío es mi	_____	_____
8. El hermano de mi madre es mi	_____	_____
9. El hijo de mi hijo es mi	_____	_____
10. El padre de mi padre es mi	_____	_____

2 **Forma frases según los ejemplos.**

Ej.: *El pañuelo es mío. Es mi pañuelo.*
    Es tu camisa. La camisa es tuya.

1. Los pantalones son suyos.
2. Son mis gafas.
3. Las peras son vuestras.
4. El dinero es suyo.
5. Es nuestra habitación.
6. El dinero es tuyo.
7. Las llaves son suyas.
8. El bolso es tuyo.
9. Los libros son míos.
10. Es su cuaderno.
11. La camisa es tuya.
12. Es mi casete.
13. Los libros son vuestros.

3 **Responde a las siguientes preguntas.**

Ej.: *¿Estas fotos son tuyas? No, no son mías.*

1. ¿Habéis visto mis gafas? Sí, …
2. ¿Me dejas tu libro? No, …
3. ¿Aquel libro es vuestro? Sí, …
4. ¿Este pantalón es de él? Sí, …

5. ¿Puedes pagar mi comida? No, …
6. ¿Has planchado mis pantalones? Sí, …
7. ¿Son éstos nuestros regalos? No, …
8. ¿Vives con tus padres? Sí, …
9. ¿Has visto a sus padres? Sí, …

ser + adjetivo calificativo

Expresa la esencia (cualidad inherente).
Cualidades que forman parte de la naturaleza de la persona o el objeto.
Define y clasifica.
Mi abuelo es bueno.
Este jugador de baloncesto es muy alto.

estar + adjetivo de cualidad

Expresa el estado (resultado de un proceso).
Cualidades que presenta una persona, animal o cosa… en el momento en que se habla.
Explica cómo se encuentra.
Tu hermano está muy viejo.
Pedrito está muy alto.

4 **Marca la opción correcta.**

1. El examen de gramática no *(es / está)* difícil.
2. Manolo *(es / está)* bastante tímido.
3. *(Es / está)* muy pronto para hacer la cena.
4. El coche *(es / está)* roto.
5. La conferencia *(es / está)* en el Aula Magna.
6. Mi abuelo *(es / está)* muy cansado.
7. Esa actriz no *(es / está)* joven, pero parece una adolescente.
8. Barcelona *(es / está)* una ciudad costera.
9. El niño *(es / está)* muy alto para su edad.
10. Este diseño *(es / está)* de alta costura.
11. Mi piso *(es / está)* nuevo, pero *(es / está)* de segunda mano.
12. No *(es / está)* necesario que vengas a las tres.
13. María *(es / está)* casada con un chico que *(es / está)* norte-americano.
14. Esta cinta *(es / está)* mal grabada.
15. El gazpacho *(es / está)* muy soso.

5 **Relaciona las siguientes columnas y forma frases. Señala en cada una de las frases el uso que tiene el verbo elegido.**

1. Felipe de Borbón		cerrada al tráfico.
2. Después del concierto yo		caliente.
3. La madera		resistente.
4. Los reyes de España		casados.
5. María		frágil.
6. La carretera	ser/estar	muy cansada.
7. Los alemanes		español.
8. Mi hermano		muy rubios.
9. El cristal		embarazada de seis meses.
10. La cerveza		muy alto para su edad.

6 **Relaciona ambas columnas.**

I. Le duele mucho la cabeza y la garganta.	Está cansada.
2. El cocido es excelente.	Está negro.
3. Lo más importante para mí es el dinero.	Es optimista.
4. La vida es muy triste. Soy una desgraciada.	Es rico.
5. Tiene mucho dinero.	Está mal.
6. Este apartamento tiene mucha luz.	Está rico.
7. Ha tenido que barrer, planchar y hacer la comida.	Está deprimida.
8. Ha perdido el autobús por unos minutos.	Es claro.
9. Le da mucha vergüenza hablar en público.	Es un materialista.
10. La vida es de color rosa, todo es maravilloso.	Es tímido.

7 **Completa las frases con los siguientes adjetivos.**

> estar listo, ser abierta, estar despierto, estar negra, ser delicada, estar delicado, estar claro, ser despierto, ser atento, estar rica

I. Juan siempre .... para salir de viaje.

2. Joaquín .... en la clase de matemáticas.

3. La fabada .... en el bar de la esquina.

4. Juan nunca .... antes de las 10:30 de la mañana.

5. Los españoles .... con las personas extranjeras.

6. ....que Madrid es la ciudad con mayor número de habitantes de España.

7. Mi hermano pequeño .... de salud.

8. A mí me gustan las personas que .... y se relacionan con todo el mundo.

9. La porcelana china .... para estar jugando con ella.

10. Elena .... de tomar tanto sol.

8 **Completa el siguiente texto con *ser* o *estar*.**

La casa .... situada a las afueras de la ciudad. .... de color blanco, aunque hay algunas partes que .... pintadas de verde. Tiene dos plantas, un sótano y un gran patio. .... construida en 1934, cuando la familia Rodríguez .... rica. En la primera planta .... la cocina y el salón. El salón .... la parte más grande de la casa; tiene dos ventanales que .... situados en la pared del fondo, pero siempre .... cerrados; también hay una chimenea que .... construida de ladrillo y .... de estilo francés. Esta sala .... decorada por la señora Rodríguez antes de que cayera enferma; .... una sala muy alegre, con mucha luz. En la parte superior .... las habitaciones y los baños. En una de ellas .... donde dormía Carmen y donde pasó los mejores años de su vida. La habitación .... amplia y .... muy iluminada porque .... orientada hacia el este; para contrarrestar esta claridad Carmen la decoró con colores fríos: las cortinas .... verdes, las paredes .... pintadas de azul, el suelo .... de madera oscura. A Carmen le gustaba .... en su habitación, siempre .... de pie frente a la ventana, contemplando el paisaje.

9 **Acentúa correctamente las siguientes palabras.**

1. televisión	6. exámenes	11. cárcel	16. reloj
2. miércoles	7. óptimo	12. bolígrafo	17. compás
3. sábado	8. esdrújula	13. estudiante	18. jabalí
4. médico	9. horóscopo	14. bolso	19. caramelo
5. inyección	10. mesa	15. pared	20. silla

10 **Forma el plural de las siguientes frases.**

1. El próximo miércoles hay clase.
2. El limpiabotas de Gran Vía es muy eficiente.
3. El libro de matemáticas está lleno de ejercicios.
4. El chico marroquí es muy simpático.
5. El rey de España está de vacaciones en Mallorca.
6. Tengo que renovar el carné de conducir el lunes próximo.
7. El día está lluvioso.
8. El cebú es un mamífero rumiante.
9. El dominó de Alberto es de madera.
10. El pánico a volar está muy generalizado.

11 **Relaciona.**

CEE — Emiratos Árabes
CC. AA. — Organización de Estados Americanos
SELA — Asociación Latinoamericana de Integración
ONU — Comunidad Económica Europea
ALADI — Síndrome de Inmunodeficiencia Adquirida
EE. AA. — Comunidades Autónomas
SIDA — Sistema Económico Latinoamericano
OEA — Organización de Naciones Unidas

12 **Completa el cuadro.**

alegre	alegría	alegrarse
triste		
emocionado		
enfadado		
sensible		
angustiado		
deprimido		

13 **¿Qué sentimientos te producen a ti?**

1. Tu cumpleaños.
2. La Navidad.
3. Un suspenso.
4. La muerte de un ser querido.
5. El hambre en el mundo.
6. Las injusticias.
7. Un atasco de coches.

14 **Rellena el siguiente visado.**

ESPAÑA
MINISTERIO DE ASUNTOS EXTERIORES

SOLICITUD DE VISADO: ....

MISIÓN DIPLOMÁTICA U OFICINA CONSULAR: ....

1. APELLIDOS: ....
2. OTROS APELLIDOS: ....   4. SEXO:
3. NOMBRES: ....
5. LUGAR Y FECHA DE NACIMIENTO: ....
6. PAÍS: ....   8. ESTADO CIVIL: ....
7. NACIONALIDAD/ES ACTUAL/ES: ....

9. PERSONAS INCLUIDAS EN EL PASAPORTE A QUE SE EXTIENDE EL VISADO: ....
2. CÓNYUGE: ....HIJOS: ....

10. MOTIVO DE LA ESTANCIA: ....
11. VISADO solicitado para: ☐ una entrada: ☐ varias entradas:
DEL .... AL: ....
VISADO para tránsito: ☐
FRONTERA de primera entrada: ....
12. PAÍS DE DESTINO: después de su estancia en España.
Posee usted un permiso de entrada en el país de ....

.................., a ...... de .... de ....

Firma del solicitante (para menores de edad, de su representante legal)

Me gusta hacer muchas cosas

2

á m b i t o 1 Conocemos
una lengua

▶ Expresar propósitos y obligaciones
▶ Expresar gustos y preferencias

á m b i t o 2 Un día cualquiera

▶ Hablar de acciones habituales y su frecuencia
▶ Hablar del tiempo transcurrido

1 A partir de los siguientes verbos crea un sustantivo. Para ello utiliza estas tres terminaciones que en español sirven para formar nombres que indican una acción: *-ción, -miento, -o.*

verbo	sustantivo
repetir	repetición
recordar	recuerdo
progresar	progreso
intervenir	intervención
exponer	exposición
explicar	explicación
entender	entendimiento
agradar	agrado
describir	descripción
corregir	corrección
contestar	contestación
conocer	conocimiento
marear	mareo
clasificar	clasificación
calificar	calificación
aprovechar	aprovechamiento
afirmar	afirmación
aclarar	aclaración
olvidar	olvido
aburrir	aburrimiento
abandonar	abandono
saludar	saludo

2 Completa estas frases con la forma adecuada del verbo en presente de indicativo.

1. Cada tres años el presidente (destituir) ...destituye... al primer ministro.

2. Me (divertir) ...divierte.. las películas de terror.

3. Tú (completar) ...completas. todos los ejercicios.

4. No (acordarse, yo) ...me...acuerdo de dónde he dejado mis gafas.

5. Juan y Pedro (dormir) ...duermen. a pierna suelta, sin despertarse en toda la noche.

6. ¿Perter y David (querer) ...quieren... un vaso de agua?

7. Todos los años en la carrera de bicicletas vosotros (conseguir) ...conseguís llegar los primeros.

8. ¿Te (servir, yo) ...sirvo... la cena ahora o más tarde?

9. Normalmente (corregir, yo) ...corrijo... los exámenes después de dar un paseo.

10. Desde el mes de marzo los albañiles (reconstruir) ...reconstruyen la fachada del Museo del Prado.

11. Esta tarde los organizadores del concierto (devolver) ...devuelven. el dinero a los asistentes.

12. Siempre (fregar, yo) ...friego... los platos después de cenar.

13. Tú (atravesar) ...atraviesas el paso de cebra y no miras si viene un coche.

14. ¿(Conducir, tú) ...conduces... o (conducir, yo) ...conduzco ?

15. (Conocer, yo) ...conozco... la dirección de Carlos.

3 **Coloca la forma correcta del verbo en presente de indicativo y señala qué valor tiene en cada frase.**

1. En nuestra agencia de viajes siempre (*encontrar, tú*) *encuentras* aquello que buscas.

2. La Navidad (*empezar*) *empieza* el 24 de diciembre a las 12 de la noche.

3. ¡Qué casualidad! El mes pasado (*ver, nosotros*) *vemos* a Marta en Málaga y no nos dice nada.

4. Venus (*ser*) *es* un planeta.

5. ¡Fíjate! El pasado domingo (*sentirse, yo*) *me siento* mal y (*ir, yo*) *voy* rápidamente a un hospital.

6. (*Ser, yo*) *soy* española y (*llamarse*) *me llamo* Pepa.

7. ¿Me (*decir, tú*) *dices* cómo (*llamarse*) *se llamos*?

8. Los peces (*ser*) *son* animales acuáticos.

9. ¿(*Desear, ustedes*) *Desean* un vino o una cerveza?

10. ¿Por qué no (*ir, tú*) *vas* al cine y (*olvidarse*) *te olvidas* de tus problemas?

11. (*Llevar, él*) *lleva* a los niños al colegio.

12. (*Ser, ellos*) *son* profesores y (*trabajar*) *trabajan* en Madrid.

13. El satélite de la Tierra (*ser*) *es* la Luna.

14. Cada año (*viajar, yo*) *viajo* a Tenerife para visitar el volcán Teide.

15. Segovia (*estar*) *está* en Castilla-León.

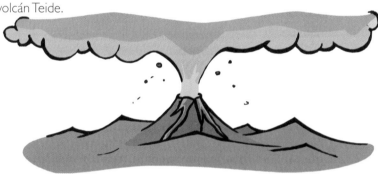

4 **Vamos a practicar el uso de algunos pronombres. Para ello tienes que completar las frases con la forma correspondiente.**

1. Todas las mañanas (*levantarse, yo*) *me levanto* a las ocho y (*bañarse*) *me baño*

2. Ella (*corregirse*) *se corrige* continuamente cuando habla en francés.

3. Siempre que Luis va al cine (*proponerse*) *se propone* no hablar.

4. Carlota (*expresarse*) *se expresa* en un español perfecto y sin acento extranjero.

5. Vosotros (*acostarse*) *os acostáis* después de las doce de la noche.

6. ¿Usted (*lavarse*) *se lava* con agua fría?

7. Los alumnos inteligentes (*esforzarse*) *se esfuerzan* en todas las asignaturas.

8. Nosotros (*dormirse*) *nos dormimos* bastante tarde.

9. Marta es muy moderna, porque siempre (*peinarse*) *se peina* a la última moda.

10. Los alumnos japoneses y los alemanes (*entenderse*) *se entienden* en inglés.

11. Cuando (*irse, tú*) *te vas* (*quedarse, yo*) *me quedo* triste.

12. Ustedes son muy puntuales y siempre (*irse*) *se van* a la misma hora.

13. Si veo una película de ciencia ficción, (*aburrirse*) *me aburro* mucho.

14. Incluso para ir al mercado, Luisa (*arreglarse*) *se arregla* y (*maquillarse*) *se maquilla*

15. Vosotros (*afeitarse*) *os afeitáis* solamente los fines de semana.

5 En la siguiente sopa de letras hay doce adjetivos que pueden aplicarse a un buen o a un mal estudiante. Encuéntralos y clasifícalos en cualidades o defectos. Si conoces otras palabras, también puedes añadirlas a la lista.

M	L	A	V	O	S	O	Z	E	R	E	P	R
A	A	N	A	T	A	L	R	A	H	C	O	I
I	U	L	G	R	O	E	S	O	O	D	D	U
Z	T	R	O	E	S	V	L	D	A	N	A	L
E	N	E	T	N	E	G	I	L	E	T	N	I
P	U	N	T	U	A	L	B	T	A	C	E	S
O	P	I	E	Z	A	A	R	E	C	S	D	T
R	M	S	A	C	H	O	R	A	O	A	R	O
O	I	N	T	R	A	B	A	J	A	D	O	R

cualidades	defectos

6 Utiliza una perífrasis que indique propósito, intención u obligación para completar las siguientes frases. Debes poner también el infinitivo que consideres apropiado.

> ir a
> tener intención de
> pensar   + infinitivo
> deber

Ej.: .... una dieta > *Tengo intención de hacer una dieta después de las vacaciones.*

1. .... la zona de los bares de Madrid.
2. .... mi habitación porque me gusta la limpieza.
3. .... novelas históricas.
4. .... por teléfono a mis padres todos los sábados.
5. .... deporte para estar en forma.
6. .... muchos pueblos de España.
7. .... después de las doce de la noche.
8. .... ocho horas todos los días.
9. .... al tenis y .... tres kilómetros diarios.
10. .... papeles al suelo.
11. .... rápido porque el límite de velocidad es de ciento veinte kilómetros por hora.
12. .... por Andalucía para conocer el arte árabe.
13. .... mis problemas con la *b* y la *v*.
14 .... por la mañana, por la tarde y por la noche.
15. .... la fiesta de final de curso.

7 **¿Qué piensas que debe hacer cada persona en las situaciones siguientes? Usa las perífrasis del ejercicio anterior.**

1. Hay fuego en la cocina.

2. El coche de Alberto no funciona y hoy tiene una importante reunión de trabajo.

3. Llueve mucho y Pedro y Pepe no tienen paraguas.

4. El ascensor está roto y María vive en el piso 13.

5. No podemos dormir porque nuestro vecino toca el piano hasta las dos de la madrugada.

6. He perdido mi pasaporte.

7. Alba trabaja quince horas al día.

8. Inma y Laura comen muchos helados y galletas de chocolate.

9. Los pasajeros han perdido el avión que va a Argentina.

10. He tirado mis billetes de tren a la basura.

11. Hace mucho calor y tenemos mucha sed.

12. La tubería tiene un agujero y hay agua por todo el apartamento.

13. Pedro está muy nervioso porque su boda es mañana y no quiere casarse.

14. Juan y Pepe comen en un restaurante caro y han olvidado la cartera.

15. Se me ha quemado la cena y tengo siete invitados esta noche.

8 **Desarrolla estos telegramas, utilizando las perífrasis.**

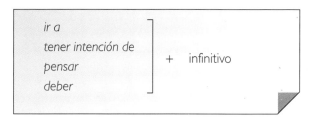

> *ir a*
> *tener intención de*
> *pensar*
> *deber*
>
> + infinitivo

Llegar, aeropuerto, Madrid.

nueve de la mañana.

Ej.:

Mañana por la mañana voy a llegar

al aeropuerto de Madrid a las nueve

de la mañana

Esperar, cafetería "Calderón", fin de semana,

diez de la noche.

Reservar cinco entradas, partido de fútbol,

domingo, costar 5.000 pts.

Estudiar idiomas, escuela,

profesores nativos.

9 **Escribe cada palabra correctamente empleando v / b.**

1. en.v.oltorio
2. b.lanco
3. mo.v.ilidad
4. ám.b.ar
5. llo.v.er

6. acarrea.b.a
7. de.b.emos sa.b.er
8. sir.v.iendo
9. em.b.ustero
10. resol.v.er

11. escri.b.ía
12. conce.b.ir
13. cocina.b.a
14. hemos v..i.v.ido
15. nue.v.o

16. í.b.amos
17. atre.v.erse
18. o.b.jeti.v.o
19. sensi.b.ilidad
20. o.b.ser.v.ar

10 **Completa con el pronombre en función de complemento indirecto.**

1. *(A Juan y Pepe)* .les. divierte ir de cámping.
2. *(A nosotros)* .nos. gusta pasear por calles tranquilas.
3. *(A Juana)* .le. encantó montar en avión durante varios días seguidos.
4. *(A vosotros)* .os. enseño mis fotos de la fiesta de fin de curso.
5. *(A usted)* .le. preparo en tres minutos una tortilla con pimientos.
6. *(A mí)* .me. pone nerviosa subir en un tren.
7. *(A nosotros)* .nos. encantan los profesores simpáticos.

8. *(A mis vecinos)* .les. gusta cotillear detrás de la ventana.
9. *(A mi perro)* no .le. molesta correr conmigo.
10. *(A mí)* .me. robaron el coche en la puerta del bar.
11. *(A ti)* .le. vendo mi casa de la playa.
12. *(A ellos)* .les. contesto siempre que puedo.
13. *(A vosotras)* .os. llamo por teléfono más tarde.
14. *(A usted)* .le. envío lo antes posible el trabajo sobre historia.
15. *(A ustedes)* .les. describo la situación de España en la última década.

11 **¿Qué te sugiere cada una de estas situaciones? Justifica tu respuesta. Puedes emplear los verbos que te damos a continuación.**

> dar igual, importar, encantar, entusiasmar, dar miedo, apasionar, hacer gracia, poner triste, poner nervioso, volver loco, fascinar, molestar, preferir, detestar, soportar, odiar, indignar, preocupar, interesar, emocionar, dar risa, divertir

SÁBADO POR LA NOCHE:

✓ llevar gafas de sol.
✓ ir a una discoteca.
✓ limpiar mi dormitorio.
✓ cenar en un restaurante.
✓ quedarse en casa con unos amigos y ver una buena película.
✓ estudiar.
✓ los accidentes de tráfico.

HACER EN LAS VACACIONES DE VERANO:

✓ leer libros.
✓ visitar otros países.
✓ hacer un curso intensivo de idiomas.
✓ buscar un trabajo para las vacaciones.
✓ tomar el sol.

SI ESTOY EN UNA CIUDAD DESCONOCIDA:

✓ visitar sus museos y sus monumentos.
✓ quedarme en la habitación del hotel.
✓ hablar con la gente.
✓ entrar en una tienda y comprarme ropa nueva.

EN UN NUEVO RESTAURANTE:

✓ dejar propinas.
✓ el humo de los cigarrillos.
✓ probar nuevos platos.
✓ elegir la especialidad del cocinero.

12 Explica qué hacen las personas que aparecen en estas fotografías e indica tu preferencia ante cada una de estas situaciones.

13 Clasifica estos adjetivos según puedan aplicarse a un buen o a un mal profesor. ¿Conoces otros adjetivos que puedan también aparecer en esa lista?

▶ coherente
▶ sincero
▶ torpe
▶ generoso
▶ egoísta
▶ pesado
▶ superficial
▶ aburrido
▶ divertido
▶ alegre
▶ honesto
▶ sensible
▶ pedante = *piguolo*

buen profesor	mal profesor
coherente	torpe
sincero	egoísta
generoso	pesado
divertido	superficial
alegre	aburrido
sensible	pedante
honesto	

1 ¿Qué representan estos dibujos? Lo sabrás si unes correctamente cada verbo con un sustantivo.

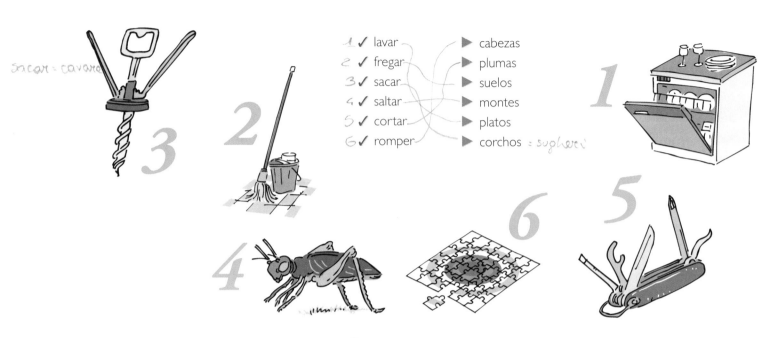

1 ✓ lavar ▶ cabezas
2 ✓ fregar ▶ plumas
3 ✓ sacar ▶ suelos
4 ✓ saltar ▶ montes
5 ✓ cortar ▶ platos
6 ✓ romper ▶ corchos

2 ¿Eres una persona organizada y sociable? Compruébalo haciendo este test.

¿Olvidas el día del cumpleaños de tus amigos?

1. Casi siempre, porque soy una persona muy ocupada y siempre estoy con miles de cosas.

2. Con mucha frecuencia no me acuerdo.

3. Jamás. Cada tres días miro mi agenda y cuento los días que faltan para cualquier cosa importante.

¿Eres puntual para devolver los libros en la biblioteca?

1. Cada vez que cojo un libro de la biblioteca olvido la fecha de devolución.

2. De vez en cuando lo entrego el último día.

3. Siempre termino el libro antes de la fecha límite.

Si vives en un piso compartido:

1. No hago las tareas del hogar casi nunca.

2. A menudo olvido que tengo que fregar los cacharros y sacar la basura.

3. Siempre arreglo mi habitación y participo en la limpieza general del piso.

¿Te enfadas con tus compañeros de piso?

1. Por lo general discuto con todo el mundo.

2. Con frecuencia, sobre todo cuando hay una fiesta y la música está muy alta.

3. Todo el año estoy de buen humor.

¿Llamas por teléfono a tus amigos para proponerles algún plan?

1. Jamás. Siempre espero sus llamadas.

2. Bastantes veces ellos son los primeros en llamarme.

3. Cada semana llamo a mis amigos y me gusta salir con ellos.

Anota los siguientes puntos por cada una de las opciones que has elegido:

1. un punto.

2. dos puntos.

3. tres puntos.

3 Busca sinónimos y antónimos para cada uno de los siguientes adjetivos.

	sinónimo	antónimo
fácil	sencillo	difícil
enorme	inmenso	diminuto
cariñoso	afectuoso	huraño
gracioso	cómico	soso
tacaño	avaro	generoso
trabajador	laborioso	vago
tranquilo	sosegado	nervioso

4 Con estos prefijos podemos negar o invertir el significado de una palabra.

des-	in-; im-; i-
acierto > desacierto	cómodo > incómodo
activar > desactivar	posibilidad > imposibilidad
ilusión > desilusión	responsable > irresponsable
cortés > descortés	posible > imposible
aconsejar > desaconsejar	discreto > indiscreto
acabable > desacabable	legal > ilegal
agradable > desagradable	decisión > indecisión
	propio > impropio
	admisible > inadmisible
	compatible > incompatible
	agotable > inagotable

Busca el antónimo de las siguientes palabras y colócalo en la columna correspondiente.

▶ posible ▶ legal ▶ aconsejar ▶ activar ▶ agradable
▶ ilusión ▶ cortés ▶ acabable ▶ admisible ▶ compatible
▶ discreto ▶ decisión ▶ propio ▶ agotable

5 ¿Con qué frecuencia realizas tú las siguientes acciones?

1. Mi apartamento está limpio porque paso la aspiradora _todos los días_
2. _cada noche_ me ducho y me lavo los dientes antes de acostarme.
3. _cada Navidad_ salgo al cine con mi vecino del quinto.
4. _Siempre_ friego los cacharros.
5. No te llamo por teléfono _casi siempre_
6. _____ pico nada antes de comer.
7. _jamás_ voy a bailar a discotecas.
8. _jamás_ invito a Maite a mi casa.
9. _en verano_ voy a la piscina.
10. _jamás_ ceno en un restaurante de cocina vasca.
11. _____ me despido de mis compañeros de piso.
12. _____ hago la compra y _____ arreglo la casa.
13. No ordeno mi habitación _siempre_
14. _____ tropiezo con el escalón de tu casa.

6 **En la siguiente agenda están marcadas las tareas del hogar que realiza Pedro Pirulo. ¿Con qué frecuencia hace cada una de ellas?**

✓ Poner la lavadora.

✓ Limpiar los cristales.

✓ Hacer gimnasia.

✓ Hacer la compra.

L	M	X	J	V	S	D
8.30 levantarse	8.30 levantarse	8.30 levantarse	8.30 levantarse	8.30 levantarse	8.30 levantarse	8.30 levantarse
10. 00 poner la lavadora		10.00 limpiar los cristales	10. 00 poner la lavadora			10. 30 poner la lavadora
	11.30 hacer gimnasia					11.30 limpiar los cristales
12.30 limpiar los cristales					12.30 limpiar los cristales	
15.30 comer en casa de Elena		15.30 comer en casa de Elena		15.30 comer en casa de Elena		15.30 comer en casa de Elena
14.15 hacer la compra			14.15 hacer la compra			14.15 hacer la compra
	17.00 limpiar los cristales					
				19.15 limpiar los cristales		
			21.30 limpiar los cristales			
ir a la cama a las 11.00	ir a la cama a las 11.00	ir a la cama a las 11.00	ir a la cama a las 11.00	ir a la cama a las 11.00	ir a la cama a las 11.00	ir a la cama a las 11.00

7 **Utiliza *todavía* y *ya no* en las siguientes preguntas y respuestas.**

1. ¿ .... estás planchando los pantalones? .... estoy planchando porque ....

2. ¿.................. quedas con Manolo? .... quedo con Manolo porque ....

3. ¿ .... limpias los cristales después de la lluvia? .... los limpio porque ....

4. ¿ .... comes con los cubiertos amarillos? .... como con los cubiertos amarillos porque ....

5. ¿ .... te hablas con tu ex novio? .... me hablas porque ....

6. ¿ .... mezclas el vino con la gaseosa? .... los mezclo porque ....

7. ¿ .... resbalas cuando sales de la ducha? .... resbalo porque ....

8. ¿ .... saludas a tu antiguo jefe? .... lo saludo porque ....

9. ¿ .... te ves con tus amigos del instituto? .... me veo con mis amigos del instituto porque ....

10. ¿ .... enciendes el horno eléctrico? .... lo enciendo porque ....

8 **Sustituye los verbos de las oraciones por *estar* + gerundio o *llevar* + gerundio siempre que sea posible.**

1. Manolo es muy moreno y está bastante delgado.

2. Ana busca un nuevo trabajo desde la semana pasada.

3. Mi hermana Raquel trabaja en una carnicería.

4. Ahora estoy delgada porque hago una dieta.

5. No tomes más el sol porque tu piel se pone roja.

6. Enciendo la radio para escuchar las últimas noticias.

7. La vitamina C previene el resfriado.

8. Siempre llama por teléfono después de las diez de la noche.

9. María no viene porque tiene una pierna rota.

10. Intento acabar mis deberes de clase desde esta mañana.

9 **Aquí tienes una serie de actividades que puedes practicar durante el fin de semana. ¿Cuál es su nombre?**

1. Sacar peces del agua. *PESCAR*

2. Moverse por el agua moviendo los brazos y las piernas y sin tocar el fondo. *NADAR*

3. Poner la piel morena. *BRONCEAR*

4. Andar para hacer ejercicio o para pasar el rato. *PASEAR*

5. Moverse al ritmo de una música. *BAILAR*

6. Ir de un lugar a otro, generalmente utilizando un vehículo. *VIAJAR*

10 **¿En qué parte de la casa pones normalmente estas cosas?**

una cafetera, una escoba, un frasco de colonia *botella*, una lámpara grande, una sábana, una cacerola, una barra de pan, una botella de vino, una sombrilla, un bañador, un plátano, un martillo, una toalla, una pulsera, un recogedor, unas hortalizas, un ordenador, un anillo, una fregona, un secador de pelo, unas sandalias, una aspiradora, una radio estropeada, un colchón, unas revistas, un cubo, una esponja, una moto, una lavadora, una barra de labios, una planta, un disfraz del hombre araña, una bicicleta vieja

cocina	garaje	dormitorio	cuarto de baño	salón	trastero	jardín
cafetera, cacerola, barra de pan, botella de vino, platano, hortalizas, lavadora	moto, bicicleta vija	sábana, bañadon, pusera, anillo, sandalias, colchón	frasco de colonia, toalla, secador de pelo, esponja, barra de labios	lampara grande, ordenador, revistas	escoba, recogedor, fregona, aspiradora, radio estropeada, cubo, disfraz del hombre araña, martillo	sombrilla, planta

11 **Indica qué valor tienen las perífrasis estar + gerundio y llevar + gerundio en las siguientes oraciones.**

1. Ahora Luisa está friendo un par de huevos.
2. Mario siempre está viendo partidos de baloncesto.
3. Trabajas tanto que te estás poniendo viejo.
4. Diego Hernando ahora no está en Argentina porque está viajando por Europa.
5. Mónica lleva llamando por teléfono desde esta mañana.
6. Ana lleva viajando desde el martes por la noche.
7. No te acerques a la puerta porque la estoy pintando.
8. El zapatero está arreglando mis zapatos.
9. Lleva haciendo dietas dos años.
10. Laura tiene fiebre y se está resfriando.
11. ¿Está Carlos? Ahora no puede ponerse al teléfono porque está bañándose.
12. Desde el mes pasado estoy viviendo con Jaime.
13. Siempre está tomando copas con sus amigos.
14. Deja de conducir porque se te están cerrando los ojos.
15. ¿Qué haces? Estoy escribiendo una carta a Daniel.

¿Alguna vez has conocido a algún famoso?

3

á m b i t o 1 Ha sido un día estupendo

▶ Expresar acciones en el pasado reciente
▶ Expresar acciones únicas en el pasado
▶ Hablar de la frecuencia de las acciones

á m b i t o 2 Eran otros tiempos

▶ Describir características y hechos en el pasado
▶ Hablar de actividades habituales en el pasado
▶ Hablar de la continuidad de las acciones
▶ Hablar del cambio o de la interrupción de actividades

1 ¿Qué hacen estas personas en su trabajo?

1. el cura
2. el ama de casa
3. el farmacéutico

4. el abogado
5. el telefonista

2 Completa el siguiente crucigrama y podrás descubrir el nombre de 11 profesiones.

1. La persona que trabaja con la madera se llama…
2. La persona que trabaja en la oficina, escribe cartas, lleva la agenda del jefe se llama…
3. La persona que apaga el fuego se llama…
4. La persona que enseña matemáticas, español, se llama…
5. La persona que trabaja en una tienda se llama…
6. La persona que escribe libros se llama…
7. La persona que cura a los enfermos se llama…
8. La persona que escribe en los periódicos se llama…
9. La persona que analiza las bajadas y subidas de la Bolsa se llama…
10. La persona que presenta un programa en radio o televisión se llama…
11. La persona que vende pescado se llama…

	C	A	R	P	I	N	T	E	R	O		1.
	S	E	C	R	E	T	A	R	I	O		2.
				B	O	M	B	E	R	O		3.
		P	R	O	F	E	S	O	R			4.
T	E	N	D	E	R	O						5.
			E	S	C	R	I	T	O	R		6.
	M	E	D	I	C	O						7.
P	E	R	I	O	D	I	S	T	A			8.
		A	N	A	L	I	S	T	A			9.
P	R	E	S	E	N	T	A	D	O	R		10.
		P	E	S	C	A	D	E	R	O		11.

3 Esta serie de palabras hace referencia a verbos relacionados con profesiones, ¿sabes de qué profesiones se trata? Una vez que lo hayas descubierto, señala la palabra que no pertenece al grupo.

Profesión

1. explicar, corregir, examinar, actuar, aprobar   _profesor_
2. dibujar, medir, diseñar, pintar, construir   _arquitecto_
3. auscultar, recetar, curar, diagnosticar, juzgar   _médico_
4. casar, salvar vidas, ayudar, sofocar, apagar   _bombero_

4 Completa con las formas de pretérito perfecto correspondientes.

	trabajar	beber	vivir	salir	comprar
yo	he trabajado	he bebido	he vivido	he salido	he comprado
tú	has trabajado	has bebido	has vivido	has salido	has comprado
él	ha trabajado	ha bebido	ha vivido	ha salido	ha comprado
nosotros	hemos trabajado	hemos bebido	hemos vivido	hemos salido	hemos comprado
vosotros	habéis trabajado	habéis bebido	habéis vivido	habéis salido	habéis comprado
ellos	han trabajado	han bebido	han vivido	han salido	han comprado

5 **Completa con el pretérito perfecto.**

1. Esta tarde *(encontrarse, nosotros)* nos hemos ~~encontrado~~ con ellos en la farmacia.

2. Este año *(ir, yo)* he ido al hospital dos veces.

3. Todavía no *(pensar, nosotros)* hemos pensado en la solución al problema.

4. Este mes *(venir, él)* ha venido cuatro veces a visitarnos.

5. Algunas veces *(salir, nosotros)* hemos salido de marcha por Madrid.

6. Esta mañana *(desayunar, nosotros)* hemos desayunado demasiado.

7. Algunas veces *(olvidarse, tú)* te has olvidado de hacer los ejercicios.

8. Muchas veces *(equivocar, yo)* me he equivocado de nombre.

9. Esta semana *(llevar, ellos)* han llevado el coche al taller.

10. Hace un rato *(quedar, ella)* ha quedado con sus compañeros.

11. Ya *(terminar, nosotros)* hemos terminado de hablar por teléfono.

12. En este siglo los avances técnicos *(ser)* han sido numerosos.

13. Este año *(conocer, tú)* has conocido a tu pareja.

14. Muchas veces *(comer, vosotros)* habéis comido en la cafetería de la empresa.

15. Hace una hora *(escribir, vosotros)* habéis escrito a vuestros amigos.

6 **Contesta a las preguntas.**

1. ¿Cuál ha sido el último libro que has leído?

2. ¿Dónde has ido con tus compañeros la última vez?

3. ¿Cuándo te has enfadado por última vez?

4. ¿Con quién has desayunado esta mañana?

5. ¿Qué película has visto más veces?

6. ¿Qué has aprendido en clase?

7. ¿Qué has hecho este fin de semana?

8. ¿Dónde has estado de vacaciones?

9. ¿Cuántas veces has comido paella?

10. ¿Cuándo te has cortado el pelo?

7 **Busca seis participios irregulares.**

S	E	U	K	L	O	S	T
A	V	A	D	T	R	P	J
A	B	X	S	B	S	U	O
R	R	I	T	U	P	E	R
O	D	C	E	R	O	S	D
D	I	J	E	R	U	T	S
E	P	A	D	T	T	O	C
N	D	I	C	H	O	O	N
M	S	M	A	P	L	A	M
O	R	A	R	S	Q	L	E
I	L	C	O	O	W	H	A
Z	G	S	M	T	D	E	C
N	S	W	O	L	A	C	P
R	E	T	S	E	S	H	D
O	O	R	O	U	R	O	E
R	L	A	G	V	T	M	L

(Respuestas manuscritas al margen:)

1) He leído Robinson Crusoe
2) Hemos ido en un bocal
3) Me he enfadado con mi hermano
4) He desayunado sola
5) He visto más veces Titanic
6) He aprendido el pretérito perfecto
7) He salido con mis amigos
8) He estado en mi ciudad
9) No he comido jamás paella
10) He cortado el pelo hace dos meses

8 Completa con las formas de pretérito indefinido correspondientes.

	hacer	andar	ser	dormir	leer
yo	hice	anduve	fui	dormí	leí
tú	hiciste	anduviste	fuiste	dormiste	leíste
él	hizo	anduvo	fue	durmió	leyó
nosotros	hicimos	anduvimos	fuimos	dormimos	leímos
vosotros	hicisteis	anduvisteis	fuisteis	dormisteis	leísteis
ellos	hicieron	anduvieron	fueron	durmieron	leyeron

9 Completa las frases con las formas de pretérito indefinido.

1. Ayer *(salir, él)* ...salió... tarde de trabajar.

2. El año pasado *(volver, yo)* ...volví... a EE. UU. después de diez años.

3. En 1969 el hombre *(llegar)* ...llegó... a la luna.

4. El otro día *(inaugurar, ellos)* ...inauguraron... un nuevo complejo comercial.

5. El día cinco del mes pasado *(publicar, él)* ...publicó... una nueva novela.

6. Anteayer *(pensar, ellos)* ...pensaron... comprarse un nuevo coche.

7. El mes pasado *(visitar, nosotros)* ...visitamos... a nuestros padres.

8. El fin de semana pasado *(beber, ellos)* ...bebieron... mucho.

9. En 1992 España *(celebrar)* ...celebró... el V Centenario del descubrimiento de América.

10. La semana pasada *(hacer, vosotros)* ...hicisteis... una fiesta estupenda.

11. Aquel año *(trabajar, él)* ...trabajó... en Japón por primera vez.

12. El primer día de clase *(estar, él)* ...estuvo... muy impertinente.

13. El último examen *(ser)* ...fue... bastante fácil.

14. El mes pasado *(haber)* ...hubo... muchos accidentes.

15. En el año 2000 *(terminar)* ...terminó... el siglo.

10 Compara las actividades que realizó Sergio con las que hiciste tú la semana pasada.

1. El lunes pasado Sergio se levantó a las siete, yo ...me levanté a las nueve...

2. El martes salió con sus compañeros de marcha, yo ...estuve en mi casa...

3. El miércoles estudió en la biblioteca, yo ...estudié en mi casa...

4. El último fin de semana fue al teatro, yo ...fui al cine...

5. Ayer cenó en casa de su amiga Ana, yo ...cené en una pizzería...

11 Sustituye en la biografía de **D. Juan Carlos I** los verbos que están en presente por la forma de pasado correspondiente.

1938: Nace el 5 de enero en Roma, en el exilio. Nació

1945: Reside en Estoril (Portugal). Residió

1948: Comienza sus estudios en España. Comenzó

1962: Se casa con Dña. Sofía de Grecia. casó

1968: Nace su heredero Felipe. Nació

1969: Es nombrado heredero del trono de España. Fue nombrado

1975: Es proclamado rey de España después de la muerte del general Franco. Fue proclamado

1977: Su padre renuncia a sus derechos dinásticos en favor suyo. Renunció

1981: Logra paralizar un golpe de Estado. Logró

1986: Firma el tratado de adhesión a la CEE. Firmó

1993: Muere su padre. Murió

1998: Nace su primer nieto. Nació

1999: Nace su segundo nieto. Nació

2000: Nace su tercer nieto. Nació

12 Relaciona las columnas y forma frases.

1. Este verano mis amigos y yo   ▶ terminó su tesis doctoral.
2. Yo nunca   ▶ empezasteis a estudiar español.
3. El año pasado el Gobierno   ▶ he estado en EE. UU.
4. Alberto y yo ya   ▶ fuisteis de vacaciones en 1990?
5. La semana pasada Elena   ▶ votó los presupuestos generales.
6. En 1995   ▶ hemos visitado Granada.
7. ¿Dónde   ▶ hemos hecho la declaración de la renta.

13 Clasifica los marcadores temporales del ejercicio anterior según estén cercanos al presente o alejados de él.

cercanos al presente	alejados del presente
este verano nunca ya	el año pasado en 1995 la semana pasada en 1990

1 Relaciona los siguientes adjetivos con las partes de la cara a las que pueden referirse.

▶ ancha   ▶ rizado   ▶ oscuros   ▶ vivarachos
▶ chata   ▶ liso   ▶ claros   ▶ ondulado   ▶ ovalada
▶ arqueadas   ▶ aguileña   ▶ redonda   ▶ pobladas

2 Completa con las formas de pretérito imperfecto.

1. El médico (parecer) ..parecía.... enfadado.
2. Mi casa (estar) ..estaba...... en el centro del pueblo y (tener) .tenía. un gran patio.
3. Cuando entramos no (haber) .había........ luz en la casa, el perro (estar) ...estaba...... ladrando y las ventanas abiertas.
4. Ellos en vacaciones (visitar) .visitaban... a sus abuelos en la playa.
5. En Navidad todos los años (hacer, él) ..hacía....... una gran fiesta.
6. Mi profesora (ser) ..era.......... de Cádiz y (hablar) ..hablaba... con un acento muy bonito.
7. (Llover) ..llovía..... mucho cuando salimos de casa.
8. Antes las mujeres españolas (llevar) ..llevaban.... mantilla.
9. Alberto nos (dejar) .dejaba..... su caña de pescar cuando (ir, nosotros) ..íbamos....... al pueblo.
10. Desde la ventana del hotel (verse) ..se veía...... un paisaje sensacional.
11. La película (desarrollarse) .se desarrollaba...en las montañas Rocosas.
12. El coche (estar) ...estaba....... estropeado porque (tener) ...tenía...... una rueda pinchada.
13. Cuando venían a visitarnos (traer, ellos) ...traían...... regalos para toda la familia.
14. El padre de Álvaro (hacer) .hacía....... barcos de madera.
15. La cazadora (llevar) ..llevaba..... piel en la solapa y dos botones amarillos.

3 Recuerda tu infancia y responde a las preguntas.

1. ¿Cómo era tu casa?   5. ¿Cuál era tu juguete preferido?
2. ¿Dónde estaba situada?   6. ¿Qué deporte practicabas?
3. ¿Quién era tu mejor amigo?   7. ¿Quién era tu ídolo preferido?
4. ¿Dónde pasabas las vacaciones?

4 Completa con las formas de pretérito imperfecto.

Cuando (ser) ....era...... niña, mi familia (vivir) .vivía.... en Sevilla. Nuestra casa (estar) ..estaba... en un barrio muy tranquilo, rodeado de naturaleza. La casa .había.... tres plantas y un jardín típico andaluz donde siempre (oler) ..olía...... a azahar y jazmín. En la primera planta (haber) ...había... tres habitaciones. Allí también (estar) ..estaba..el despacho de mi padre, la cocina donde mi madre (hacer) .hacía... la comida y el comedor, con una chimenea que (calentar) calentaba toda la casa. En la segunda planta (haber) ..había... tres dormitorios; el de mi hermano (ser) ..era...... grande y (tener) .tenía.... dos ventanales por donde (entrar) entraba... mucha luz; el mío (ser) ....era..... más pequeño y sólo (tener) .tenía..... una ventana; al de mis padres no (poder) .podíamos.entrar nunca porque nos lo habían prohibido.

5 **Describe los siguientes objetos. Utiliza *antes / ahora*.**

6 **Completa las frases con las formas de pretérito imperfecto.**

1. Cuando *(ser, yo)* …era…… pequeña, *(ir, yo)* …iba……… a clases de piano.

2. Mi hermano *(desayunar)* …desayunaba…en casa de mis abuelos todos los días.

3. Mi madre de joven *(ver)* …veía……… películas románticas en el cine.

4. Hace veinte años *(ir, nosotros)* …íbamos… de excursión al campo todos los fines de semana.

5. Mi hermana, de pequeña, *(llevar)* …llevaba…… el pelo muy largo.

6. De niña *(jugar, yo)* …jugaba…… con mis amigos en el parque.

7. Siempre que *(venir)* …venía……… mi padre, me *(traer)* …traía……… un regalo.

8. Frecuentemente *(bailar, él)* …bailaba…… sevillanas.

9. En el colegio *(llevar, nosotros)* …llevábamos…uniforme.

10. Cuando *(regresar, ellos)* …regresaban…de las vacaciones, nos *(traer, ellos)* …traían…… caramelos.

11. Antes de vivir en Madrid, *(vivir, yo)* …vivía……… en Sevilla.

12. ¿Qué *(hacer, tú)* …hacías…… cuando no te *(gustar)* …gustaba…… la comida?

13. Mi compañero de la escuela infantil *(ser)* …era……… japonés.

14. Mi hermano *(estudiar)* …estudiaba… en la Universidad Laboral.

15. Antes *(cocinar, yo)* …cocinaba… todos los sábados, pero ahora no puedo.

7 **Recuerda qué hacías hace tres años.**

1. A menudo _____

2. Algunas veces _____

3. (Casi) siempre _____

4. Pocas veces _____

5. Frecuentemente _____

8 **Coloca el acento en los lugares que corresponda.**

1. Mi marido es medico.

2. La carta era para mi, mas no me la dio.

3. No se si sabra venir a mi casa.

4. ¿Que es el te?

5. ¿De quien es este libro?

6. Nos dijo que si vendria.

7. Tengo mas trabajo que nunca.

8. Tu hermana me ha dicho que le de tus apuntes.

9. Sali con el el domingo pasado.

10. Esa cancion es muy bonita, mas no se cantarla.

11. Se bueno.

12. Tu eres la culpable de todos tus problemas.

13. Era para mi, pero te permito que te lo comas.

14. ¿Tu eres el nuevo encargado?

15. Quiero un poco mas de cafe.

9 Relaciona los siguientes hechos con las circunstancias en que se produjeron y forma frases utilizando *cuando, por eso, y, entonces...*

1 Se encontraba muy mal,
le dolía mucho la cabeza,
tenía mucha fiebre...

2 La sala estaba llena,
la gente se impacientaba,
había un murmullo...

3 Estaba muy nerviosa, eran las
diez, el avión salía a las 10:30
y estaba en un atasco...

4 El cielo estaba gris, parecía que
las nubes estaban escondidas,
no llevaba paraguas...

entonces ▶ comenzó a llover.

por eso ▶ perdió el avión.

y ▶ fue al médico.

cuando ▶ empezó la película.

10 Mira los dibujos, ordénalos y escribe la historia.

11 **Completa con las preposiciones de tiempo.**

1. Nació ...en... junio ...de... 1967.
2. Volveremos ...en... un mes.
3. Voy al gimnasio tres días ...por... semana.
4. Entramos todos los días a trabajar ...a... las diez de la mañana.
5. ...Desde... que terminamos la carrera no nos hemos vuelto a ver.
6. Hemos quedado ...para... mañana.
7. Las vacaciones de verano duran ...de... junio ...a... septiembre.
8. Terminaré ...en... un periquete.
9. Iremos de vacaciones ...en... Semana Santa.
10. No nos hemos visto ...desde... enero.
11. Somos novios ...desde... el verano.
12. Te lo devolveré ...en... Navidad.
13. Las clases duran ...desde... las nueve ...hasta... las tres.
14. Regresarán a su casa .... la tarde.
15. Te espero ...a... las tres; después tengo cosas que hacer.

12 **Relaciona las columnas y forma expresiones de tiempo. Escribe después una frase con cada una de ellas.**

1. Al   pequeño, mayor, joven, casado
2. De   atardecer, anochecer
3. Al   la mañana, la tarde, la noche
4. De   día siguiente, año siguiente, mes
5. Por   madrugada, noche

13 **Completa las siguientes frases con las preposiciones necesarias y contesta a las preguntas.**

1. .... verano se celebra en Pamplona una de las fiestas más típicas de España.

    a) en
    b) a
    c) desde

    ¿Cómo se llama esta fiesta?

2. .... las doce de la noche del día 31 de diciembre se comen las uvas.

    a) en
    b) a
    c) desde

    ¿Cómo se llama esta fiesta?

3. La Guerra Civil española duró .... 1936 .... 1939.

    a) por; para
    b) de; a

    c) desde; hasta

    ¿Quién ganó la guerra?

4. .... 1975 España no se convirtió en un país democrático.

    a) hasta
    b) a
    c) por

    ¿Cómo se llama el actual presidente del Gobierno español?

5. Juan Carlos I es el rey de España .... 1975.

    a) de
    b) desde
    c) por

    ¿Cómo se llama su hijo?

¿Qué le ha pasado?

á m b i t o 1 En la comisaría

▶ Descubrir situaciones y acciones habituales
▶ Narrar acontecimientos

á m b i t o 2 Vamos de excursión

▶ Comentar un relato y finalizarlo
▶ Relacionar y valorar hechos del pasado
▶ Emplear recursos para organizar y reaccionar ante un relato

1 Si contestas a estas preguntas tendrás una descripción completa de cada una de las viñetas.

1.
▸ ¿Qué tiempo hacía?
▸ ¿Qué llevaba puesto Pablo?
▸ ¿Y qué ocurrió?

2.
▸ ¿Dónde estaba Jorge?
▸ ¿Con quién iba?
▸ ¿Y qué sucedió?

3.
▸ ¿Qué hacía Carlos?
▸ ¿Cómo estaba el mar?
▸ ¿Qué pasó?

4.
▸ ¿Qué hacía Laura a las 7.45 h de la mañana?
▸ ¿Cómo estaba su habitación?
▸ ¿Iba en autobús al trabajo?

A partir de las respuestas anteriores, construye un texto para describir y contar lo que sucede en cada viñeta.

2 Alberto Baeza ha olvidado poner los verbos en esta historia sobre su infancia que relata a una revista del corazón. Completa el texto con los verbos en pasado.

De pequeño, mi familia y yo ...vivíamos... en las afueras de Barcelona, en un barrio que ya no existe y que se...llamaba...Los Pajaritos. ...Eran...... los años cuarenta y la vida en una gran ciudad no ...resultaba... fácil. Yo ...estudié...... en un colegio de monjas hasta los siete años. En ese momento mis padres fueron a trabajar al centro de Barcelona y nos...mudamos...a otro barrio diferente. Allí ...seguía...... algunos cursos en una escuela de música y ...conocí..... a mi maestro, el profesor Reinaldos, un joven talento que ...adoraba... la música clásica. Desde el principio ...nació...... entre nosotros una bonita amistad que ha...durado...hasta hoy. Todos los días mi profesor ...escuchaba...con atención y mimo mis progresos con el piano y ...criticaba... mis equivocaciones. Un día, mientras ...tocábamos... juntos, ...descubrimos...que ...podíamos... formar un gran dúo. Desde entonces hemos...recorrido... todo el mundo y nuestra vida ha...sido... la música.

- ✓ vivir
- ✓ poder
- ✓ nacer
- ✓ escuchar
- ✓ adorar
- ✓ criticar
- ✓ llamarse
- ✓ ser
- ✓ recorrer
- ✓ descubrir
- ✓ conocer
- ✓ resultar
- ✓ seguir
- ✓ tocar
- ✓ estudiar
- ✓ durar
- ✓ mudarse
- ✓ ser

3 El detective Martínez quiere saber cómo iban vestidos los ladrones que aparecen en estas viñetas y conocer algunos de sus rasgos físicos. Tú presenciaste sus robos y puedes ayudarlo. Para ello, utiliza alguna de las prendas siguientes.

chaqueta, pendientes, gabardina, mochila, pulsera, broche, cazadora, corbata, collar, deportivas, chándal, traje de chaqueta, falda, blusa, sandalias, gafas de sol, colgante, calcetines, medias, bolso, sortija, vaqueros, cinturón, camiseta de tirantes, cadena

4 En la sopa de letras encontrarás once palabras que llevan /r̄/, /r/ o /l/. Búscalas y léelas en voz alta.

T	B	L	A	N	C	O	C
S	H	X	S	T	K	Ñ	E
A	Z	U	L	C	B	J	P
D	B	U	E	Y	L	K	O
R	O	S	A	D	U	J	B
D	D	D	A	D	S	D	R
A	M	O	R	D	A	J	E
A	S	B	D	E	T	N	I
I	A	B	O	C	O	U	A
A	L	T	O	N	N	M	A
A	A	A	D	I	I	M	S
N	T	M	A	R	C	R	R
T	M	E	G	N	P	I	I
P	I	A	E	I	D	C	S
F	L	O	R	O	A	O	A

5 **En las siguientes frases coloca el verbo en pasado.**

1. Ernesto (ir) *iba* tan tranquilo por la calle y, de repente, (oír) *oyó* que lo llamaban desde un coche.
2. Cuando (llegar, nosotros) *llegamos* a Segovia, (buscar) *buscamos* una oficina de información.
3. Como (gritar, ellos) *gritaban* en el piso de al lado, (ir, yo) *fui* a ver lo que (ocurrir) *ocurría*
4. (Tener, yo) *tenía* mucho sueño, así que (irse) *me fui* a la cama.
5. Al salir de casa, (caer) *cayó* una gran nevada.
6. No (denunciar, ella) *denunció* el robo en la comisaría porque (estar) *estaba* muy asustada.
7. Como no (tener, yo) *tenía* un cinturón marrón, (comprarse) *me compré* uno.
8. Esta mañana, cuando (amanecer) *amaneció* la policía (atrapar) *ha atrapado* a dos hombres que (intentar) *intentaban* robar un coche.
9. Cuando (estudiar, yo) *estudiaba* en Madrid nunca (visitar) *visité* el Congreso de los Diputados.
10. Juan y Pedro (subir) *subían* en el ascensor y, entonces, (averiarse) *se averió*
11. No (tener, nosotros) *teníamos* ninguna bebida, por eso (pasar) *pasábamos* mucha sed.
12. Este verano, como los vuelos a Cancún (ser) *eran* muy baratos, (decidir, yo) *decidí* tomarme dos semanas de vacaciones.
13. Juana (ir) *iba* distraída y (atravesar) *atravesó* la carretera con el semáforo en rojo.

6 **Ordena las sílabas de cada palabra. Después, clasifícalas según se refieran a ropa de hombre, ropa de mujer, complementos o calzado.**

tón-cha-que *chaquetón*	dias-me *medias*	llas-ti-za-pa *zapatillas*	ti-ja-sor *sortija*
dal-chán *chándal*	ba-cor-ta *corbata*	san-lias-da *sandalias*	de-ca-na *cadena*
ta-se-ca-mi *camiseta*	da-fal *falda*	tas-bo *botas*	ni-a-llo *anillo*
ga-di-bar-na *gabardina*	su-ta-dor-je *sujetador*	ca-si-mo-nes *mocasines*	fas-ga *gafas*
ti-nes-ce-cal *calcetines*	re-pa-o *pareo*	por-de-vas-ti *deportivas*	
zon-cal-ci-llos *calzoncillos*	tos-pa-za *zapatos*	se-ra-pul *pulsera*	

ropa de hombre	ropa de mujer	complementos	calzado

7 **Completa este texto con las formas adecuadas de los verbos en pasado.**

Yo *(instalarse)* me instalé en una casa cercana a la glorieta de Colón, donde *(estar)* estaba la Academia. Una señora que *(parecer)* parecía viuda, *(alojar)* alojaba en su hermoso piso a seis muchachas estudiantes de distintas edades. *(Ser)* Era un pequeño internado que *(tener)* tenía unas normas claras y unos horarios fijos para las comidas y el regreso de la noche.

Mis compañeras *(venir)* venían todas de fuera, de ciudades o pueblos más o menos lejanos. La confianza de sus padres en doña Luisa *(ser)* era total y ella *(ejercer)* ejercía como cabeza de familia. Todas las noches *(soler, nosotras)* solíamos cenar temprano y, después, siempre *(haber)* había un rato de charla y diversión en el salón, con la presencia constante de nuestra tutora, que *(entrar)* entraba y *(salir)* salía con cualquier pretexto. Nosotras *(reír)* reíamos, *(contarse)* nos contábamos historias, *(comentar)* comentábamos sobre los profesores y los compañeros, *(prestarse)* nos prestábamos libros, trajes, revistas. Los domingos *(salir, nosotras)* salíamos al cine o a pasear, pero siempre *(volver, nosotras)* volvíamos pronto. Pero una vez *(llegar)* llegó la noche y una de las chicas no *(aparecer)* apareció. Doña Luisa *(estar)* estaba nerviosísima, nos *(reunir)* reunió a todas y nos *(preguntar)* preguntó: "¿Vosotras *(ver)* habéis visto a Carlota en algún lugar?, ¿alguien sabe con quién *(salir)* ha salido esta tarde?". A mí me *(asustar)* asustó comprobar que nadie *(conocer)* conocía a Carlota. A las once de la noche doña Luisa *(llamar)* llamó a la policía. A las doce *(enviar)* envió a los padres un mensaje telegráfico. A las tres de la mañana la policía *(informar)* informó a doña Luisa de que Carlota *(encontrarse)* se encontraba en un hospital. Según algunos testigos, Carlota *(sufrir)* sufrió un desmayo porque un coche la *(atropellar)* había atropellado. No *(ser)* era nada importante. Doña Luisa *(respirar)* respiró aliviada y *(exclamar)* exclamó: "Gracias a Dios, no *(ser)* ha sido nada".

Josefina Aldecoa, *Mujeres de negro* (texto adaptado).

8 **Coloca en las siguientes frases la forma correcta.**

1. No puedo ponerme los pendientes de oro *(porque / ~~por qué~~)* .... el broche está roto.

2. En el Senado los políticos han *(~~echo~~ / hecho)* .... una colecta para enviar dinero a los países más desfavorecidos.

3. *(A ver / ~~haber~~)* .... si no olvidas tu carné de estudiante.

4. No me gusta esta oficina de turismo *(porque / ~~por qué~~)* .... la gente es muy desagradable y nunca quiere darnos un folleto.

5. Todos los fraudes que ha *(hecho / ~~echo~~)* .... lo han llevado a la bancarrota.

6. Tiene que *(haber / ~~a ver~~)* .... una maleta oscura dentro del armario.

7. ¿*(~~Porque~~ / por qué)* .... comes tanto? *(Porque / ~~por qué~~)* .... tengo mucha hambre.

8. *(~~Haber~~ / a ver)* .... cuándo me llamas para ir al teatro.

9. Nunca *(echo / ~~hecho~~)* .... sal al pescado.

10. Quiero saber *(porqué / ~~por qué~~)* .... llegas tan tarde.

9 Vuelve a escribir en pasado estas noticias. No olvides poner algunos conectores entre las oraciones.

① Anoche, 11.00 h, un avión con 145 pasajeros despega del aeropuerto de Torrejón de Ardoz. El viento no es fuerte y no hay niebla. El piloto realiza una ma- niobra brusca, el avión desciende 200 metros y todos los pasajeros tienen mucho miedo. Las azafatas intentan en todo momento calmarlos. Al final, todo es un juego de la tripulación. Es 28 de diciembre y en España celebramos el día de los Santos Inocentes.

② El viernes 17 de julio a las 10.00 h de la mañana, un ladrón entra en el Banco Jacobo. Está acompañado por dos hombres más que lo esperan en la puerta del banco. Apunta con una pistola a uno de los empleados y pide todo el dinero que hay en la caja fuerte. Los guardias de seguridad se dan cuenta de que se está cometiendo un robo. Entran en el banco y comienzan a disparar. Hieren al atracador en una pierna. Sus compañeros oyen los disparos, huyen y todo el mundo puede respirar tranquilo.

10 A partir de las siguientes acciones crea una frase en pasado. Para ello utiliza las formas verbales *estar a punto de, estar por, estar para* + infinitivo; *ir, andar* + gerundio; *dejar de, acabar de* + infinitivo.

Ej.: *Llegar a España* ⇨ *Laura **acababa de llegar** a España cuando le ofrecieron un trabajo estupendo.*

1. Terminar los estudios ⇨ _____

2. Tomar el autobús ⇨ _____

3. Buscar un regalo ⇨ _____

4. Encontrar al asesino ⇨ _____

5. Secar los cubiertos ⇨ _____

6. Apagar el ordenador ⇨ _____

7. Tener un hijo ⇨ _____

8. Casarse ⇨ _____

9. Montarse en un avión ⇨ _____

10. Tomar una ducha fría ⇨ _____

11. Irse a la cama ⇨ _____

12. Ordenar los libros ⇨ _____

13. Tomar alcohol ⇨ _____

14. Hacer un examen ⇨ _____

15. Conducir de noche ⇨ _____

11 **Clasifica las palabras que te damos a continuación según indiquen tiempo, lugar, cantidad o modo.**

adverbios de modo	adverbios de tiempo	adverbios de lugar	adverbios de cantidad
regular	siempre	aquí	mucho
así	hoy	allí	poco
bien	tarde	cerca	bastante
mal	mañana	lejos	demasiado
despacio	anteayer		
	antes		
	ayer		
	ahora		
	pronto		

✓ regular
✓ mucho
✓ siempre
✓ aquí
✓ hoy
✓ poco
✓ allí
✓ tarde
✓ mañana
✓ bastante
✓ anteayer
✓ lejos
✓ demasiado
✓ bien
✓ antes
✓ mal
✓ ayer
✓ ahora
✓ cerca
✓ así
✓ pronto
✓ despacio

Ahora construye una frase con las palabras que has aprendido. Para ello utiliza las siguientes expresiones.

1. Gritar _____

2. Doler la garganta _____

3. Averiguar la verdad _____

4. Denunciar _____

5. Atacar _____

6. Disparar con una pistola _____

7. Robar una tarjeta de crédito _____

8. Amenazar a una mujer mayor _____

9. Escribir en español _____

10. Atrapar a dos ladrones _____

11. Atravesar la carretera _____

12. Chocar en un túnel _____

13. Caminar _____

14. Oler _____

15. Señalar con el dedo _____

16. Hablar _____

1 Escribe correctamente cada verbo en pasado.

Mi primera estancia en Casablanca *(comenzar)* comenzó en 1987. *(Acabar)* Acababa de terminar el instituto y *(ser)* era el viaje de fin de curso. *(Ir)* Fuimos un total de 35 compañeros. Todos *(ser)* éramos amigos y *(conocerse)* nos conocíamos muy bien. Durante los cinco días que *(durar)* duró el viaje *(hacer, nosotros)* hicimos muchas cosas. *(Comenzar)* Comenzábamos todos los días de la misma forma: la camarera del hotel siempre nos *(despertar)* despertaba a las 7.30 h y nosotros *(responder)* respondíamos con un "sí, ya vamos", pero inmediatamente *(volverse)* nos volvíamos a dormir. Después de tomar un zumo de naranja, algunas frutas y un gran vaso de leche, *(prepararse)* nos preparábamos para la excursión que nuestro guía ya *(organizar)* había organizado la noche anterior. A mí me *(gustar)* gustaba sentarme en el primer asiento del autobús. Desde ahí *(divisar)* divisaba los pequeños mercados callejeros de los que mi padre me *(hablar)* había hablado muchas veces.

Esta primera visita, como ya *(decir, yo)* he decidido, duró cinco días. Después *(ir, yo)* he ido otras tres veces y siempre *(volver, yo)* he vuelto enamorada de esta ciudad mágica.

2 Aquí tienes algunos datos del viaje que Lorenzo realizó el año pasado a una playa del sur de España. Junto con tu compañero, intenta narrar su viaje colocando los verbos en los tiempos adecuados y utilizando los conectores que has aprendido.

- Lorenzo *(querer)* quería conocer la playa de Las Brujas.
- Esta playa *(estar)* estaba lejos de su pueblo.
- No *(conducir)* conducía ni *(tener)* tenía dinero para ir en autobús, *(hacer)* hizo autostop.
- *(Hacer)* Hacía frío y *(llover)* llovía un poco.
- Al principio nadie *(pararse)* se paró.
- Después de dos horas *(pasar)* pasó un camionero. *(Ser)* Era un hombre amable que *(ir)* iba a un pueblo que *(estar)* estaba cerca de la playa que Lorenzo *(buscar)* buscaba.
- Lorenzo *(subir)* subió al camión.
- La rueda del camión *(pincharse)* se pinchó y Lorenzo *(tener)* tuvo que buscar otro medio de transporte.
- *(Volver)* Volvió a la carretera y *(seguir)* siguió haciendo autostop.
- Lorenzo *(estar)* estaba cansado porque desde que *(salir)* salió de casa, *(hacer)* hacía cinco horas, solamente *(recorrer)* había recorrido veinte kilómetros.
- *(Dirigirse)* Se dirigió a una gasolinera. Allí *(pedir)* pidió un vaso de agua muy fría y *(conocer)* conoció a una mujer que *(ir)* iba a la misma playa a la que él *(querer)* quería ir.
- *(Subir)* Subió al descapotable de la mujer y *(sentirse)* se sintió muy feliz. No *(poder)* podía creer la suerte que *(tener)* había tenido.
- Ellos *(llegar)* llegaron a la playa y Lorenzo *(mirar)* miró a su alrededor *(comprender)* comprendió que *(equivocarse)* se había equivocado.
- La playa a la que *(llegar)* había llegado no *(llamarse)* se llamaba Las Brujas. Sus nombres *(parecerse)* se parecían. Ellos *(estar)* estaban en la playa de Las Brumas.

3 **¿Con qué medios de transporte relacionarías estas definiciones?**

- ▶ helicóptero
- ▶ talgo
- ▶ avioneta
- ▶ monopatín
- ▶ globo
- ▶ bote
- ▶ barca
- ▶ velero
- ▶ motora

✓ Barco de vela que se mueve empujado por el viento.

✓ Vehículo que se eleva en el aire gracias a una hélice movida por un motor.

✓ Barco pequeño.

✓ Un tipo de tren muy rápido y cómodo.

✓ Tabla de madera con ruedas sobre la que se patina apoyándose en los pies.

✓ Barco de pequeño tamaño movido por un motor.

✓ Avión pequeño.

✓ Aparato que se eleva formado por una especie de bolsa hinchada con aire.

✓ Embarcación pequeña, sin cubierta y con unas tablas atravesadas que sirven de asiento.

4 **Aquí tenemos los relatos que Pepe y Paco hacen de su viaje por Hispanoamérica; pero han olvidado poner los verbos en pasado. Vuelve a escribir cada relato con los verbos en el tiempo adecuado.**

Relato de Pepe:

Llegada al aeropuerto de San Juan de Puerto Rico a las 2.45 h de la madrugada. Estoy muy cansado. Pepe también está "muerto" y me lo repite constantemente. Tomamos un taxi y nos lleva al hotel Islas Verdes. Es un hotel lujoso que hay en el Viejo San Juan. Paco no cree lo que está viendo. Todo le parece maravilloso y está muy contento. Después de dormir ocho horas y de tomar un rico desayuno, alquilamos un coche, y durante cinco días recorremos la isla. Antes de ir a Puerto Rico mucha gente me habla del lugar pero, nunca imagino las maravillas que este lugar nos ofrece.

Relato de Paco:

Después de dos horas de retraso llegamos por fin a México, Distrito Federal. Es de noche y el tráfico en la ciudad es terrible. Hay luces por todos los sitios y me parece increíble estar allí. Es la ciudad de mis sueños desde que tengo 15 años. Después de descansar en casa de unos amigos, vamos a las pirámides de Tehotihuacán. Todo es muy bonito y la gente es amabilísima. Este viaje siempre me lo recomienda mi compañero de trabajo. Él conoce muy bien México porque su madre es mexicana. El viaje dura una semana completa y visitamos todos los monumentos de interés.

5 **Imagina lo que dirías en las siguientes situaciones. Utiliza para ello una expresión de sorpresa (positiva o negativa).**

Ej.: *Estás en un atasco en el mes de agosto y tu coche no tiene aire acondicionado. ¡Qué horror!*

1. Estás en un bar de copas donde hay mucha gente.
2. Vas por la carretera y algunos coches tocan el claxon.
3. Ves las fotos de una isla del Caribe en la que ha estado tu amiga Pili.
4. No has cogido tu abrigo para ir al supermercado y en la calle hace mucho frío.
5. Tu marido ha hecho la compra y ha comprado diez paquetes de arroz.

6. El novio de Emma mide 2,05 metros.
7. Entras en tu casa y hay muchos mosquitos.
8. Has ido a la panadería y no había pan.
9. Tu compañera de piso está sorprendida porque has aprobado todas las asignaturas.
10. Ángela te ha dicho que Carmen ha tenido su séptimo hijo.

6 **Vamos a seguir practicando con /r̄/, /r/ y /l/. Cronometra el tiempo que tardas en leer correctamente estos trabalenguas.**

Erre con erre, cigarro;
erre con erre, barril;
rápidas corren y vuelan
las rápidas ruedas del ferrocarril.

a

Catalina cantarina, Catalina encantadora:
canta, Catalina, canta,
que cuando cantas me encantas.
Y que tu cántico cuente un cuento
que a mí me encanta.
¿Qué cántico cantarás, Catalina cantarina?
Canta un cuento que me encante,
que me encante cuando cantes.
Catalina encantadora, ¿qué cántico cantarás?

b

Un señor de Puerto Rico colgó
en su balcón un loro de rica
pluma y buen pico,
un loro que era un tesoro y a su
amo costó un pico. Un vecino
suyo, moro, recibió un mico,
y a este mico lo ató el moro a
su balcón ante el loro, que así
quedó frente al mico.
—¡Ay, moro, si pierdo al loro!
exclama el de Puerto Rico,
y airado replica el moro:
—Pagarás caro tu loro,
cristiano, si pierdo al mico.

c

7 **Escribe las siguientes oraciones de manera que indiquen causa y consecuencia.**

Ej.: *Me duele la cabeza. Voy al médico.*

  a) *Voy al médico porque me duele la cabeza:* causa

  b) *Me duele la cabeza y por eso voy al médico:* consecuencia

1. Hace mucho calor. Me baño en la playa.

  a) Me baño en la playa porque hace mucho calor

  b) Hace mucho calor y por eso me baño...

2. Tengo miedo al barco. Prefiero viajar en avión.

  a)

  b)

3. Sólo como verduras. Soy vegetariano.

  a)

  b)

4. Llovía. Me quedé en casa y alquilé una película.

  a)

  b)

5. Me han perdido mis maletas. He puesto una reclamación.

  a)

  b)

6. Odio los viajes organizados. Siempre hay que esperar a todo el mundo.

  a)

  b)

7. He utilizado el metro para ir al trabajo. Mi coche está estropeado desde el jueves.

  a)

  b)

8. Me gusta la aventura. Quiero hacer una ruta en bicicleta por el valle de Arán.

  a)

  b)

9. Silvia está muy feliz. Ha tenido mellizos.

  a)

  b)

10. Tenía mucha fiebre. Mis compañeras llamaron al médico.

  a)

  b)

8 **Transforma las siguientes oraciones que indican causa en otras que indiquen consecuencia.**

1. Prefiero tomar unos días de descanso en agosto, porque en España hace mucho calor en verano.

2. Como el guía no ha venido, no hemos visitado el Palacio Real.

3. Estoy hecha polvo. Es que el vuelo de Nueva York ha llegado con siete horas de retraso.

4. Me he comprado una casa en la playa porque me gusta mucho el mar.

5. Como no conozco el norte de España, me he alquilado una casa en Cantabria.

6. Voy a la peluquería esta tarde. Es que tengo una cita especial.

7. Pedro no me habla porque está enfadado conmigo.

8. Como Carlos y Pili fueron a Marruecos el año pasado, este año han decidido ir al Caribe.

9. Hace mucho frío en mi apartamento porque se ha estropeado la calefacción.

10. Como Carmen no me llama, me voy.

11. Jamás volveré al hotel del que me habías hablado, porque el aire acondicionado no funcionaba y pasé una noche terrible.

12. Como el avión me da pánico, viajo siempre en tren.

13. Mi hija vive en el campo porque le encantan los animales.

9 **Transforma las siguientes oraciones que indican consecuencia en otras que indiquen causa.**

1. No tenía hambre, así que me acosté sin cenar.

2. A Rocío le dolía la cabeza, por eso se fue de la fiesta.

3. El domingo por la tarde me sentía sola, y entonces hice un pastel de chocolate.

4. No conocía tu dirección, por eso llamé a Rosa para pedírsela.

5. Alberto no entró, así que salí a buscarlo.

6. Ella tenía mucha fiebre, por eso no quería ver a nadie.

7. Llovía mucho, por eso decidí quedarme en casa.

8. Mi coche no funcionaba, así que lo llevé al mecánico.

9. No encontré una falda larga, y entonces compré unos pantalones.

10. Tenía muchas cosas que hacer, por eso no he preparado la comida.

11. Pepa quiere un oso de peluche para su cumpleaños, así que le compraremos uno.

10 **Coloca la forma correcta en cada una de las siguientes oraciones.**

1. (Si no /sino) .... llueve iremos a la playa esta tarde.

2. Iremos (a donde / adonde) .... te dije ayer para celebrar mi cumpleaños.

3. A (mediodía / medio día) .... aprovecho para hacer la compra.

4. (Tan bien / también) .... vienen Virginia y Javier.

5. No cojas mis libros, (sino / si no) .... mi carpeta.

6. Me he comprado unos pendientes y (también / tan bien) .... un collar.

7. (Adonde / a donde) .... voy hace mucho frío.

8. Sólo necesito (medio día / mediodía) .... para terminar mis ejercicios.

9. (Si no / sino) .... vienes pronto iré a recogerte a la estación de trenes.

10. Preparas la carne (también / tan bien) .... como Rafa.

11. Vamos al mismo restaurante (adonde / a donde) .... fuimos el año pasado.

11 **Forma el grado superlativo de los siguientes adjetivos y después construye una frase con cada uno. Presta mucha atención porque algunos de ellos son irregulares.**

1. famoso _famosísimo_

2. estúpido _estupidísimo_

3. malo _malísimo_

4. sensible _sensibilísimo_

5. dulce _dulcísimo_

6. noble _nobilísimo_

7. bueno _buenísimo_

8. cómodo _comodísimo_

9. tranquilo _tranquilísimo_

10. grande _grandísimo_

11. agradable _agradabilísimo_

12. pequeño _pequeñísimo_

12 **¿Qué preguntas debes formular para obtener las siguientes respuestas? Utiliza los pronombres interrogativos.**

1. Es mi novio.

2. He utilizado dos medios de transporte.

3. Tengo cinco hermanas.

4. Mi madre es ama de casa.

5. Mi bolso es rojo.

6. Vienen a cenar Carmen y Raquel.

7. Estoy mirando por la ventana.

8. Mi hermana es la chica que tiene el pelo liso.

9. Laura y Virginia han roto el jarrón.

10. Estoy cocinando pescado al horno.

11. En el cine caben 300 personas.

12. He comprado cinco kilos de patatas.

¿Qué pasó?

5

á m b i t o 1 Se volvió a casar

▶ Relacionar acontecimientos del pasado
▶ Hablar de una situación anterior a un momento del pasado
▶ Hablar de la causa o la consecuencia de un suceso
▶ Organizar un relato

á m b i t o 2 Sucesos, noticias, detectives por un día

▶ Relacionar acontecimientos del pasado
▶ Organizar de forma discursiva un relato

1 Relaciona los verbos con los dibujos y construye una frase en pasado.

volverse, hacerse, ponerse, convertirse, llegar a ser

I. Se puso gordo
2. Se hizo periodista
3. Se ha convertido en una pensaoa famosa
4. llegó a ser una buena persona
5. Se ha vuelto bastante ex'ceutnico

5.

1.

2.

3.

4.

2 Rodea con un círculo la palabra que no corresponde a cada grupo.

lío	petición de mano	pulsera	ganancias	enlace	nacer
adulterio	despedida de soltero	anillo de brillantes	fama	boda	estudiar
acostarse	engaño	portada	líder	ceremonia	volverse
monotonía	ceremonia	reloj de oro	excéntrico	traición	morir

3 Localiza las ocho diferencias que hay entre los dos dibujos.

I. _____   5. _____

2. _____   6. _____

3. _____   7. _____

4. _____   8. _____

4 Escribe verbos que lleven las siguientes preposiciones.

con	de	en
casarse con	acordarse de	confiar en
entrevistarse con	enamorarse de	pensar en
salir con	ocuparse de	creer en
enfadarse con	alegrarse de	fijarse en
	encargarse de	empeñarse en
	olvidarse de	
	extrañarse de	

5 Completa las frases con las preposiciones necesarias.

1. Sueño ..con.. comprarme un Rolls.

2. Nos empeñamos ..en.. sacar adelante el trabajo.

3. No hago otra cosa que pensar ..en.. ti.

4. Pasaron ..por.. Madrid y se perdieron.

5. Se aficionó ...a... las biografías.

6. Fue ..a..... La Coruña para entrevistarse ..con.. el presidente.

7. Se casó ..con.. una mujer a la que prácticamente no conocía.

8. Mis amigos me invitaron ...a..... su casa.

9. Antes de visitar Granada, habían pasado ..por.. Sevilla.

10. Confiaba ..en.. su marido y éste la engañó.

6 Busca en la sopa de letras 8 palabras con y, ll, x o s.

E	L	O	L	O	C	D	E	S	D	E	P	Q
S	X	T	N	V	L	R	S	Z	K	M	N	L
P	T	O	K	B	D	G	L	L	N	Z	M	O
Y	Z	N	T	D	C	V	E	G	H	I	J	E
L	E	M	N	I	O	P	Q	R	S	T	X	U
W	X	R	L	N	C	Z	Q	S	M	C	B	C
O	X	A	Ñ	M	Z	O	L	S	E	U	V	A
Q	T	K	C	F	D	A	Z	N	M	L	T	B
A	R	A	G	E	L	L	T	Y	W	E	Z	E
M	B	G	L	O	J	R	J	T	T	L	A	L
B	A	Y	G	B	I	O	I	A	S	D	L	L
F	K	T	C	C	A	I	Y	J	Q	N	T	O
R	J	U	O	H	T	E	S	E	N	C	I	A

7 **Lee el siguiente reportaje y contesta a las preguntas.**

Imanol Bengoechea protagonizó junto a Enriqueta Oñoro la famosa serie de televisión *La doctora en casa.* Hace unos días nos presentó a su hijo, Juan Bengoechea, que nació en el verano del pasado año. El pequeño Juan tardó unos días en recuperarse, pues nació con el cordón umbilical rodeándole el cuello. Sin embargo, se restableció totalmente a los pocos meses. "Durante los primeros momentos fue duro, pero todo resultó bien", ha dicho su padre.

Imanol se casó en 1997 con Loreto Villalba, tras un noviazgo que duró diez años. El actor conoció a su mujer cuando trabajaba de cocinero en la misma pizzería en la que ella era cajera. Desde hacía tiempo querían tener un niño. Ahora están contentos, pues habían pensado en adoptarlo, ya que no venía por medios naturales.

Muy celoso siempre de su intimidad, Imanol rara vez asiste a fiestas o a reuniones de sociedad. Por otra parte, el actor, de treinta y nueve años, ha sabido mantener (a pesar de haber llegado a ser un actor famoso) el amor que sintió por aquella simpática compañera de trabajo.

1. ¿Cuándo nació el hijo de Imanol y Loreto?
El verano del pasado año

2. ¿El nacimiento fue completamente normal?
No, nació con el cordón umbilical rodeándole el cuello

3. ¿Cuánto tiempo tardó el niño en recuperarse?
Tardó unos días en recuperarse.

4. ¿Está ahora restablecido completamente?
Sí

5. ¿Cuándo se restableció?
Se restableció totalmente a los pocos meses.

6. ¿En qué momentos la situación fue dura para el padre?
Durante los primeros momentos

7. ¿Dónde conoció Imanol a su mujer?
En la pizzería donde los dos trabajaban

8. ¿Qué trabajo realizaban los dos en aquel periodo de sus vidas?
Él era cocinero y ella era cajera

9. Imanol se ha hecho ahora...
actor famoso

10. ¿Cuánto tiempo duró su noviazgo?
duró diez años

11. ¿Por qué pensaron en la posibilidad de adoptar un niño?
porque no venía por medios naturales

8 **Lee los siguientes datos sobre la obra de Eduardo Mendoza y completa con los verbos en pasado.**

(Escribir) *Escribió* su primera obra, *La verdad sobre el caso Savolta,* a los 26 años de edad. No la (dar) *dio* a publicar hasta 1973. Apareció por fin en 1975. El manuscrito (tardar) *tardó* dos años en ver la luz y (convertirse) *se convirtió* enseguida en una de las mejores obras de la narrativa española. En 1975 (surgir) *surgió* este título, que lo consagraría definitivamente. (Ser) *era* una novela ambientada en Barcelona. Antes (escribir) *había escrito* *El misterio de la cripta embrujada* y *El laberinto de las aceitunas.*

9 **Completa el siguiente texto con los verbos en pasado.**

La hija de Gary Cooper, María Cooper, habla sobre su padre:

(*Ver*) ...*Vi*... a mi padre por primera vez en la película *Bufalo Bill.* Yo (*tener*) ...*tenía*... seis años y (*ser*) ...*fue*... en una fiesta de cumpleaños en mi casa. El rato en que me (*sentir*) ...*sentí*... peor (*ser*) ...*fue*... cuando a él lo (*torturar*) ...*torturaban*... los indios. Ellos lo (*capturar*) ...*habían capturado*... y después lo (*matar*) ...*mataron*... Realmente aquello me (*poner*) ...*puso*... nerviosa. (*Saber*) ...*sabía*... que las películas (*ser*) ...*eran*... ficción; pero, de repente, (*ver*) ...*vi*... a mi padre allí arriba…, entonces (*volver*) ...*volví*... la cabeza y él (*estar*) ...*estaba*... tras el proyector; simplemente me (*sonreír*) ...*sonrió*... y me (*guiñar*) ...*guiñó*... un ojo. Eso (*resolver*) ...*resolvió*... el problema.

10 **Lee esta canción y subraya los verbos que debes poner en pasado. Presta atención, porque en algunos no es posible. Intercambia el texto con tu compañero y corregidlo.**

Lo conoce cuando es joven todavía,
y se casa de traje blanco y por la iglesia,
y se cansa a los cuatro días de mirarlo,
y se va armando poco a poco de paciencia.

Y en el espejo se pregunta si en verdad es feliz,
y se empeña en ensayar una sonrisa para él,
para tratar de conquistarlo un día más.

Están solos. Entre los dos no se cruza una palabra.
Ella lee en su rincón y él se duerme en su sillón
mientras canta un gorrión en el jardín.

Son veinte años junto a él, quién lo diría,
y se han dormido en el jardín las primaveras,
pero no hay tiempo de pensar. Se le hace tarde.
Ya hay cuatro niños que regresan de la escuela.

José Luis Perales

11 **Relaciona a dos de estas personas entre sí y escribe qué cosas les han podido ocurrir en su vida.**

1

Nombre y apellidos: Regina Ugarte Gutiérrez
- Profesión: médico
- Fecha de nacimiento: 12 de febrero de 1971

2

Nombre: María Luisa Campos Jurado
- Profesión: estudiante de periodismo
- Fecha de nacimiento: 23 de octubre 1979

3

Nombre y apellidos: Federico Ortega Cano
- Profesión: bombero
- Fecha de nacimiento: 12 de febrero de 1971

4

Nombre y apellidos: José Antonio Forges Ruiz
- Profesión: torero
- Fecha de nacimiento: 22 de junio de 1959

5

Nombre y apellidos: Alberto Pacheco Méndez
- Profesión: enfermero
- Fecha de nacimiento: 1 de junio de 1974

6

Nombre y apellidos: Magdalena Iglesias Ju
- Profesión: peluquer
- Fecha de nacimient 23 de abril de 193

1 **Coloca el verbo en el tiempo adecuado del pasado.**

1. Anoche (estar, yo) *estaba* tan cansada que en cuanto (meterse) *me metí* en la cama (quedarse) *me quedé* dormida.

2. (Cambiar, yo) *he cambiado* de opinión y quiero un vaso de leche.

3. Ayer (enterarse, yo) *me enteré* de que (casarse, tú) *te habías casado* la primavera pasada.

4. ¿Cuándo (tener, tú) *tenía* 20 años (visitar) *visitaste* alguna vez las pirámides de Egipto?
No, porque las (visitar, yo) *había visitado* cuando (ser) *era* más pequeña.

5. Hace tres años que (regresar, ella) *regresó* a Granada y no (tener, nosotros) *hemos tenido* noticias suyas desde entonces.

6. Cada vez que (ponerse, él) *se ponía* las gafas de sol no (ver) *veía* a nadie.

7. Mi hija (crecer) *ha crecido* mucho en poco tiempo. Ya no le sirve la ropa que le (comprar, yo) *compré* el invierno pasado.

8. Cuando (vivir, nosotros) *vivíamos* en Cádiz (conocer, nosotros) *conocimos* al poeta Rafael Alberti.

9. Este año (viajar, ellos) *han viajado* mucho, pero el año pasado (viajar) *viajaron* poquísimo.

10. Ya conozco la nota del examen y (suspender) *he suspendido* ¡No me extraña! Aquel día no (poder) *pude* recordar nada.

11. Ana todavía no (despertarse) *se ha despertado* Eso es porque no (oír) *ha oído* el despertador.

12. (Enfadarse, yo) *me he enfadado* con Raquel porque no (hacer, ella) *ha hecho* su trabajo correctamente.

13. (Preparar, yo) *estaba preparando* el café y (explotar) *explotó* la cafetera.

14. El año pasado me (robar, ellos) *robaron* el coche y desde entonces no (parar, yo) *he parado* de buscarlo.

15. Esta mañana (recibir, yo) *he recibido* tantas llamadas que (descolgar) *he descolgado* el teléfono.

2 **Lee con atención esta biografía sobre el ciclista español Miguel Induráin y escribe correctamente los verbos en un tiempo del pasado.**

Miguel Induráin Larraya (nacer) *nació* el 16 de julio de 1964 en Villava, un pueblo cercano a Pamplona. Sus familiares dicen que Miguel (ser) *era* un niño simpático al que le (gustar) *gustaba* estar jugando con una bicicleta. 1984 (ser) *fue* una fecha clave para su carrera deportiva: (participar) *participó* en los Juegos Olímpicos, (acudir) *acudió* al Tour del Porvenir y (ganar) *ganó* su primera etapa contrarreloj. Un año más tarde (correr) *corrió* por primera vez en el Tour de Francia e (iniciar) *inició* un larguísimo plan de formación, a la sombra del que entonces (ser) *era* el mejor ciclista español, Pedro Delgado. En 1989 (ganar) *ganó* su primera etapa y en 1990 (convertirse) *se convirtió* en el hombre de confianza de sus compañeros de equipo. (Ganar) *ganó* en la durísima llegada de Luz Ardiden y (ser) *fue* décimo en la clasificación general final, pero (dar) *dio* claramente la impresión de que (ser) *había sido* el hombre más fuerte de la carrera. Fue en 1991 cuando Induráin (ganar) *ganó* su primer Tour y su condición de líder (reafirmarse) *se reafirmó* en la selección española de ciclismo, con la que ese año (lograr) *logró* la medalla de bronce en el Campeonato del Mundo de fondo en carretera, disputado en Stuttgart (Alemania). En 1992 Induráin (volver) *volvió* a ganar el Tour. Esa misma temporada (imponerse) *se impuso* también en el Giro de Italia, convirtiéndose en el sexto ciclista de la historia que (lograr) *había logrado* ese doblete. En 1993 (repetir) *repitió* triunfos en el Giro y en el Tour, y (lograr) *logró* una nueva medalla, esta vez de plata, en la prueba en ruta del Campeonato del Mundo. En 1994 (ganar) *ganó* el Tour, (ser) *fue* tercero en el Giro y (batir) *batió* el récord de la hora. En 1995 (conquistar) *conquistó* el quinto Tour y otras pruebas de gran prestigio, como la Midi Libre y la Dauphiné Libéré. Su palmarés (completarse) *se completó* en 1996, año en el que lo (seleccionar) *seleccionaron* para competir en los Juegos Olímpicos de Atlanta, donde (lograr) *logró* la medalla de oro en la prueba contrarreloj en una apasionante competición. El 2 de enero de 1997 Miguel Induráin (anunciar) *anunció* públicamente su decisión de abandonar el ciclismo profesional activo. El historial deportivo de Induráin lo (hacer) *ha hecho* merecedor de innumerables galardones, entre los cuales, por su especial importancia, destacan la Gran Cruz al Mérito Deportivo y el Premio Príncipe de Asturias de Deportes.

3 Elige el tiempo de pasado correcto.

Mi colegio *(estaba / estuvo)* en una ciudad muy vieja, que *(veía / vi)* al llegar de la estación desde el coche en el que *(venía / vine)* con mi padre. *(Subíamos / subimos)* por calles empinadas y estrechas, *(entramos / entrábamos)* por la puerta del castillo del conde de Rocafuerte y *(llegamos / llegábamos)* al colegio. Allí nos *(esperaba / esperó)* la directora del internado, que nos *(recibió / recibía)* con un frío abrazo y unas galletas de vainilla. Yo *(estaba / estuve)* muerta de frío y *(pensé / pensaba)* en mi mamá, mi hermano, el caballo de madera... Papá se *(marchaba / marchó)* después de besarme en la mejilla y hacerme más de mil recomendaciones. Doña Paula *(despidió / despedía)* a mi padre, me *(cogió / cogía)* de la mano y me *(llevaba / llevó)* a mi habitación. Mi cuarto *(estaba / estuvo)* al final de un largo pasillo y *(olía / olió)* a una fuerte humedad. Doña Paula me *(dijo / decía)*: "Buenas noches", y yo le *(respondí / respondía)*:

"Hasta mañana". Al día siguiente *(conocía / conocí)* al resto de mis compañeras de curso y *(comenzó / comenzaba)* mi vida en el colegio.

Recuerdo que todas las tardes *(cosimos / cosíamos)* en una sala grande alrededor de una mesa camilla con un brasero dentro, que doña Paula *(removía / removió)* de vez en cuando. A las cinco y media *(preparábamos / preparamos)* el chocolate y después de tomarlo *(rezamos / rezábamos)* el rosario. Luego *(dijo / decía)* doña Paula: "Santas buenas noches", y todas nos *(quedábamos / quedamos)* quietas y a oscuras un ratito. Éste *(fue / era)* el momento en el que yo *(contaba / conté)* mis aventuras y todas me *(escucharon / escuchaban)* en silencio. Nunca había sentido tanta emoción y nunca mis historias inventadas habían tenido tanto público.

Elena Fortún, *Celia y sus amigos* (texto adaptado).

4 Corrige las formas verbales erróneas que aparecen en estas noticias.

1.

Gana el Atlético en su campo

Anoche el Atlético de Madrid había ganado al Deportivo Torreperogil por 1-0. El gran gol de Curro dio la victoria a un Atlético luchador y bien organizado.

Cuando ha acabado el partido, su entrenador había declarado que el Deportivo Torreperogil había jugado bien pero que cometía muchos errores. Los jugadores

del Atlético estuvieron muy contentos al final del partido y reconocieron a la prensa que el mejor jugador del partido era el portero del equipo.

2.

UN NUEVO PREMIO PARA LA PINTORA VALENCIANA SUSANA VÁZQUEZ

A sus 62 años, Susana Vázquez recibía la noche pasada en Santander la Medalla de Oro de las Artes por su trayectoria profesional. El acto se había celebrado en el hotel La Mura-

lla y asistieron más de cien invitados. Unas horas antes la pintora valenciana llegó al hotel procedente de París y acompañada por su hijo mayor. Como todos saben, Susana Vázquez ha

nacido en Jaén el 20 de noviembre de 1937. A los 10 años se había trasladado con su familia a Madrid y pronto ha conocido a los artistas más importantes del momento.

5 **¿Sabías que...? Escribe el verbo en la forma adecuada del pasado.**

Juan José Alonso Checa es el primer español que ha dado la vuelta al mundo en bicicleta. Lo *(hacer)* ...ha hecho... en la dirección de las agujas del reloj y *(tardar)* ...ha tardado... dos años. Todo *(comenzar)* ...comenzó... en el verano de 1990, cuando Juan José *(tener)* ...tenía... 30 años. Entonces *(acondicionar)* ...acondicionó... una bicicleta para aguantar el largo viaje y le *(acoplar)* ...acopló... unas maletas pequeñas. Antes de comenzar su aventura ya *(realizar)* ...había realizado... otros trayectos, pero menos largos. La afición por la bicicleta *(empezar)* ...empezó... cuando a los 14 años *(salir)* ...salió... al monte con sus amigos todos los fines de semana. *(Soler)* ...solían... recorrer una media de 30 kilómetros y durante el trayecto nunca *(bajarse)* ...se bajaban... de la bicicleta.

* * *

El escritor Enrique Sandoval *(nacer)* ...nació... en Barcelona en 1964. *(Comenzar)* ...comenzó... su carrera profesional haciendo críticas de películas en el periódico *Mundo Semanal* y pronto *(descubrir)* ...descubrió... que su verdadera vocación *(ser)* ...era... la de escritor de novelas policiacas. Su primera novela, *La noche del miedo, (conseguir)* ...consiguió... el premio Página en Blanco de literatura juvenil; con ella Enrique Sandoval *(saltar)* ...saltó... a la fama. Desde entonces *(publicar)* ...ha publicado... otras novelas: *Solos en la oscuridad, Manos frías, Alguien llama a tu puerta...* Esta mañana la Academia Francesa le *(otorgar)* ...ha otorgado... el Premio Legión de Honor de Literatura.

6 **Completa con las formas adecuadas del pasado.**

El año pasado mis amigos y yo *(ir)* ...fuimos... de vacaciones a Malta. Durante cuatro meses *(estar)* ...habíamos estado... planeando el viaje. Nosotros *(ir)* ...fuimos... a una agencia de viajes para arreglar los detalles del viaje. La empleada nos *(dar)* ...dio... un catálogo que *(tener)* ...tenía... los hoteles y los lugares de interés. Ella también nos *(enseñar)* ...enseñó... fotografías del hotel y de las playas. El precio del hotel no *(ser)* ...era... muy alto, todo *(ser)* ...era... muy elegante, por eso *(decidir)* ...decidimos... ir allí. El viaje *(costar)* ...costó... 120.000 pts. *(ser)* ...fue... muy barato. Al llegar al aeropuerto de Malta, *(estar)* ...estábamos... muy contentos. Nosotros *(ir)* ...fuimos... al hotel para empezar nuestras vacaciones. Cuando *(llegar)* ...llegamos... *(enfadarse)* ...nos enfadamos... mucho porque el hotel no *(ser)* ...era... el mismo de las fotos: el aire acondicionado no *(funcionar)* ...funcionaba... el ascensor *(estar)* ...estaba... estropeado y no *(haber)* ...había... agua caliente. *(Decidir)* ...decidimos... poner una queja y *(marcharse)* ...nos marchamos... a otro hotel cercano. Al regresar a España, *(ir)* ...fuimos... a la agencia de viajes y *(quejarse)* ...nos quejamos... a la empleada, le dijimos que en el hotel *(poner)* ...habían puesto... una reclamación, pero ellos no nos *(hacer)* ...habían hecho... ningún caso. Al final *(conseguir)* ...conseguimos... que nos devolviera un 10% del precio del viaje.

7 **Une los elementos que aparecen en ambas columnas y conocerás algo más sobre la vida del detective Manuel Pereiro. Presta atención a los signos de puntuación y al uso de las mayúsculas.**

Cuando estaba estudiando en Zaragoza,	– había mucho humo en el apartamento y yo estaba frito en el sofá.
Un día decidí preparar la cena y dar una sorpresa a mis compañeros.	– compartía mi apartamento con dos amigos de la facultad y yo era un auténtico desastre.
En ese momento recordé que en la televisión	– me dormí en el sofá; estuve durmiendo tres horas.
Me puse a ver la televisión	– Entonces compré un pollo y lo metí en el horno.
Como había descansado poco la noche anterior,	– y olvidé el pollo.
Cuando mis amigos llegaron a casa,	– ya había comenzado mi programa favorito.

8 ¿Conoces estas palabras? Completa con ellas las frases siguientes.

✓ buey	✓ exploración	✓ inyección	✓ llorón
✓ llovizna	✓ estratégico	✓ llaga	✓ exactitud
✓ proyecto	✓ llavero	✓ exhibición	✓ esguince

1. He perdido el ....llavero.... y no tengo las llaves del coche.

2. Cuéntame con ...exactitud... cómo ocurrió todo.

3. El arquitecto ha presentado un nuevo ...proyecto... para construir un aparcamiento subterráneo.

4. Los dos ....bueyes.... que tiraban del carro estaban sedientos.

5. Los árabes siempre emplazaban sus castillos en lugares .....estratégicos....

6. Mi madre dice que yo era un bebé muy ...llorón.....

7. Alberto resbaló por las escaleras y se hizo un ...esguince....

8. El fin de semana pasado no entrené porque tenía una ....llaga.... en el pie.

9. En la ...exploración... del edificio la policía no encontró ninguna bomba.

10. El médico me ha puesto una ....inyección...para curar mi resfriado.

11. El día de la ...exhibición...de los nuevos helicópteros ocurrió un accidente.

12. La ....llovizna.... me ha mojado el bolso.

9 Escribe la forma correcta del verbo en pasado.

1. (Dormirse, él) se durmió cuando (anochecer) anochecía

2. Cuando el jurado (conceder) concedió el premio a Miguel Gutiérrez, el poeta ya (fallecer) había fallecido

3. Hace tres meses que (tener, yo) tuve el accidente y todavía no (recuperarse) me he recuperado

4. Mis padres (llegar) llegaron a la fiesta dos horas después de acabarse.

5. Siempre que (ver, yo) veía a Juan le (contar) contaba mis problemas.

6. Nuria no (venir) ha venido a trabajar en toda la semana.

7. Las películas de ahora son muy aburridas, pero las de antes (ser) eran más interesantes.

8. Isabel (casarse) se casó en 1997 y tres años después (tener) tuvo su primer hijo.

9. Cada vez que él nos (llamar) llamaba nos (pedir) pedía las llaves del coche.

10. El avión (estrellarse) se estrelló porque (haber) había mucha niebla y el piloto (perder) había perdido el control del aparato.

11. (Llegar, yo) llegué a la estación cuando el autobús (irse) se iba

12. No me (llamar, ella) ha llamado porque (perder) ha perdido mi número de teléfono.

13. Carolina (romper) ha roto un vaso mientras (fregar) fregaba los cacharros.

14. No sé dónde (poner) he puesto mi cartera.

15. Cuando (viajar, yo) viajaba en avión (soler) solía tomar unas pastillas para dormirme.

10 **¿Conoces estos secretos? Si escribes la forma correcta del verbo en pasado, conocerás sus resultados.**

BELLEZA

Cabello brillante y con volumen

Hace dos meses *(mezclar, nosotros)* mezclamos en un recipiente té verde, laca y agua fría a partes iguales. A continuación, *(echar)* echamos el líquido resultante en un frasco pulverizador y *(rociarse)* nos rociamos con él el cabello después de lavarnos la cabeza. El resultado *(ser)* fue espectacular, pues *(conseguir)* conseguimos un cabello brillante y con mucho volumen. Con anterioridad *(seguir)* habíamos seguido otros consejos, pero hasta ese momento no *(obtener)* habíamos obtenido ningún resultado eficaz.

Cutis siempre suave

Cuando mi abuela *(tener)* tenía cuarenta años tenía un cutis excelente porque todas las mañanas *(tomar)* tomaba en ayunas un vaso de zumo de limón con agua caliente. Como *(ser)* era constante y *(tener)* tenía paciencia, su cutis siempre *(estar)* estaba suave y todo el mundo *(querer)* quería conocer su secreto de belleza.

LIMPIEZA

Adiós a la grasa

Alberto me *(decir)* ha dicho que *(conseguir)* ha conseguido eliminar la grasa de sus muebles de cocina. La semana pasada los *(limpiar)* limpió frotando la superficie con medio limón. A continuación, lo *(dejar)* dejó actuar durante quince minutos y después *(pasar)* pasó un paño mojado en agua caliente. Para terminar, *(secar)* secó todos los muebles con un trapo de algodón.

ANIMALES

El mejor tenor

El mes pasado *(estar, yo)* estaba muy preocupada porque mi canario *(dejar)* dejaba de cantar. Rápidamente *(llamar)* llamé al veterinario y *(seguir)* seguí sus consejos. Todas las mañanas le *(poner)* ponía en su comedero una mezcla de pan muy triturado con una yema de huevo batida. En poco tiempo *(recuperar)* recuperó su preciado canto y hasta hoy no *(parar)* ha parado de cantar.

COCINA

Filetes jugosos

Anoche *(preparar, yo)* preparé unos filetes de ternera que *(estar)* estaban muy ricos y sabrosos. *(Seguir)* seguí la siguiente receta: primero *(poner)* puse los filetes en una sartén con un poco de aceite, les *(dar)* di una pasada y los *(sacar)* saqué rápidamente. A continuación, y sin perder mucho tiempo, *(rehogar)* rehogué unos ajos picados y *(volver)* volví a echar los filetes en la sartén hasta que todo *(quedarse)* se quedó muy doradito. Mis hijos los *(probar)* probaron y *(notar)* notaron la diferencia.

tormenta
atasco
perro
cerrojo
lima
silbidos
ambulancia
trueno
sirena
búho
ladridos
claxon
barrotes
chirriar
viento

11 **¿Recuerdas las palabras que has aprendido en esta lección relacionadas con algunos ruidos? Completa las frases siguientes seleccionando el término adecuado.**

I. Había demasiados coches en el paseo de la Castellana. ¡Menudo _atasco_ se montó! Todos los coches tocando el _claxon_

2. Sí, de acuerdo, tu _perro_ es un animal muy fiel y ahora comprendo por qué dicen de él que es el mejor amigo del hombre; pero a mí con sus _ladridos_ no me deja dormir.

3. Cortó los _barrotes_ de la cárcel con una _lima_ que le habían introducido en un bocadillo.

4. Pedro ha estado muy enfermo. Se lo tuvieron que llevar rápidamente al hospital; vino una _ambulancia_ a recogerlo, con _sirena_ y todo.

5. El _búho_ es una ave nocturna, cuyos ojos, muy redondos, brillan en la oscuridad.

6. Ya sé que te gusta mucho esa canción; pero con tus _silbidos_ no me dejas estudiar.

7. Cierra la puerta y echa el _cerrojo_

8. Esa puerta hace un ruido muy desagradable. Échale aceite para que deje de _chirriar_

9. No he podido dormir casi nada. Primero el ruido de la _tormenta_, con sus _truenos_ y relámpagos, y después ese maldito _viento_ que no dejaba de soplar.

12 **Transforma el pasado en un presente con valor histórico.**

En la mitología griega la guerra de Troya fue una guerra que iniciaron los griegos contra la ciudad de Troya. La leyenda se ha basado en hechos verídicos y en episodios de una guerra real. Modernas excavaciones arqueológicas han revelado que Troya fue destruida por el fuego a principios del siglo XII a. C., y que la guerra estalló por el deseo de saquear esa rica ciudad. Los relatos legendarios sobre la guerra remontaron su origen a una manzana de oro, dedicada a "la más bella", que lanzó Eris, diosa de la discordia, entre los invitados celestiales a las bodas de Peleo y Tetis. La entrega de la manzana a Afrodita, diosa del amor, por parte de Paris, hijo de Príamo, rey de Troya, aseguró a Paris el favor de la diosa y el amor de la hermosa Helena, mujer de Menelao, rey de Esparta. Helena se fue con Paris a Troya y como consecuencia se organizó una expedición de castigo al mando de Agamenón, rey de Micenas, para vengar la afrenta hecha a Menelao. El ejército de Agamenón incluía a muchos héroes griegos célebres, como Aquiles, Patroclo, Áyax, Teucro, Néstor, Odiseo y Diomedes. Como los troyanos se negaron a devolver a Helena a Menelao, los guerreros griegos se reunieron en la bahía de Áulide y avanzaron hacia Troya en mil naves. El sitio duró diez años y los nueve primeros transcurrieron sin mayores incidentes. En el décimo año, Aquiles se retiró de la batalla por un altercado que tuvo con Agamenón. Para vengar la muerte de su amigo Patroclo, Aquiles retomó la lucha y mató a Héctor, el principal guerrero troyano. La ciudad de Troya fue tomada finalmente gracias a una traición. Un grupo de guerreros griegos consiguió entrar en la ciudad ocultándose en el interior de un gran caballo de madera: el famoso Caballo de Troya. A continuación, los griegos saquearon y quemaron la ciudad. Sólo escaparon unos pocos troyanos; el más conocido de ellos, Eneas, condujo a los demás supervivientes hacia la actual Italia.

13 **Completa el siguiente texto con los tiempos adecuados del pasado y conocerás algo más sobre el Caballo de Troya.**

Según la mitología griega, el Caballo de Troya (ser) _fue_ un ardid de los griegos con el que éstos (conseguir) _consiguieron_ vencer a los troyanos en la conocida guerra de Troya. El caballo (ser) _era_ de madera, (tener) _tenía_ más de 50 metros de altura y (estar) _estaba_ hueco por dentro. Los griegos (emplear) _emplearon_ este caballo gigante para conseguir entrar en la ciudad que (asediar) _asediaban_ desde (hacer) _hacía_ más de 10 años, y así (conseguir) _consiguieron_ terminar con una guerra que (comenzar) _había comenzado_ por amor. Como los griegos (ser) _eran_ incapaces de capturar la ciudad después de tantos meses y días de asedio, (recurrir) _recurrieron_ a una estratagema: (construir) _construyeron_ un caballo, (meter) _metieron_ dentro de él a guerreros armados y lo (abandonar) _abandonaron_ en la playa antes de zarpar en sus barcos. Sinón, que (ser) _era_ un espía griego y que (vivir) _vivía_ en la ciudad de Troya, (convencer) _convenció_ a los troyanos para que metieran el caballo, diciéndoles que (ser) _era_ un regalo que Poseidón les (enviar) _había enviado_. Por la noche, Sinón (dejar) _dejó_ salir a los soldados griegos, que (estar) _estaban_ fuertemente armados, y éstos (matar) _mataron_ a los guardianes y (abrir) _abrieron_ las puertas al resto del ejército, y así los griegos (capturar) _capturaron_ e (incendiar) _incendiaron_ la ciudad de Troya. La leyenda siempre (reconocer) _ha reconocido_ que el ardid del caballo (ser) _fue_ una astucia del héroe Odiseo.

Mirando al futuro

6

á m b i t o 1 ¿Qué sucederá?

▶ Hablar de acontecimientos futuros
▶ Formular condiciones para acciones futuras
▶ Expresar grados de certeza respecto al futuro
▶ Hablar de un futuro anterior a otro
▶ Expresar el futuro de formas diferentes

á m b i t o 2 ¿Qué haremos mañana?

▶ Hacer planes
▶ Programar actividades
▶ Aconsejar
▶ Describir y valorar lugares
▶ Establecer comparaciones
▶ Hablar del inicio y el final de una actividad, y de su duración

1 Completa la tabla.

	YO	TÚ	ÉL	NOSOTROS	VOSOTROS	ELLOS
hacer	haré	harás	hará	haremos	haréis	harán
poner	pondré	pondrás	pondrá	pondremos	pondréis	pondrán
saber	sabré	sabrás	sabrá	sabremos	sabréis	sabrán
salir	saldré	saldrás	saldrá	saldremos	saldréis	saldrán
tener	tendré	tendrás	tendrá	tendremos	tendréis	tendrán
venir	vendré	vendrás	vendrá	vendremos	vendréis	vendrán
decir	diré	dirás	dirá	diremos	diréis	dirán
poder	podré	podrás	podrá	podremos	podréis	podrán
querer	querré	querrás	querrá	querremos	querréis	querrán

2 Completa este poema con los verbos en futuro.

...Y yo me (ir) iré........ Y (quedarse) se quedarán.... los pájaros
cantando;
y (quedarse) se quedará.......... mi huerto con su verde árbol,
y con su pozo blanco.
Todas las tardes, el cielo (ser) ...será... azul y plácido;
y (tocar) tocarán......... como esta tarde están tocando,
las campanas del campanario.
(morirse) se morirán........ aquellos que me amaron;

y el pueblo (hacerse) se hará.......... nuevo cada año;
y en el rincón aquel de mi huerto florido y encalado,
mi espíritu (errar) errará..., nostálgico...
Y yo me (ir) iré........; y (estar) estaré.... solo, sin hogar, sin
árbol verde, sin pozo blanco,
sin cielo azul y plácido...
y (quedarse) se quedarán.......... los pájaros cantando.

Juan Ramón Jiménez, *El viaje definitivo.*

3 Completa las siguientes oraciones con las palabras que has estudiado sobre el medio ambiente.

1. Creo que Juan no ayuda mucho a acabar con la ....: su coche no deja de echar ....

2. No hay que tirar todo a la .... Es mejor .... el plástico o el cristal.

3. Un grupo ...., creo que es Greenpeace, va a ocupar la central nuclear de Garoña para evitar el vertido de .... al río.

4. .... el monte con los árboles que se perdieron a causa del incendio.

5. Hoy en día, muchas personas están concienciadas con respecto al .... Debemos protegerlo.

6. Esa fábrica aprovecha materiales como el .... de las botellas o el .... de las cajas para reutilizarlos.

4 Completa con los verbos en la forma correcta.

Querido diario:

Todo (ser) .....seré..... *diferente en verano, estoy seguro. Las clases ya (terminar)* harán terminado *y entonces (tener)* tendré *tiempo para pensar. (Meditar)* Meditaré *despacio sobre lo ocurrido e (intentar)* intentaré *buscar soluciones. (Poder)* Podré *ha-blar con mi amigo Sebastián, pues para esas fechas (regresar)* hablaré / regresado *de Portugal y le (pedir)* pediré *consejo.*

5 Transforma y expresa duda y probabilidad con el futuro simple y con el compuesto.

1. ¿Quién ha tirado ahí ese montón de basura? *habrá*

2. Toma alimentos biológicos. Supongo que son más sanos. *Serán*

3. Mi hermana come muy poco. Seguro que quiere perder peso. *querrá*

4. El río está contaminado. Probablemente han vertido residuos. *habrán*

5. No sé quién deja tan sucio el jardín de mi calle. *habrá dejado*

6. Es el momento de hacer balance sobre el anterior gobierno. ¿Ha prestado suficiente atención al problema de la contaminación? *habrá*

7. Ismael está preocupado. Posiblemente tiene algún problema. *Estará / tendrá*

8. Han aparecido peces muertos. Supongo que un barco ha ensuciado el agua. *habrá*

9. Estás cansado. Probablemente necesitas unas vacaciones. *necesitarás*

10. La fábrica está vacía. Supongo que han salido a comer. *habrá salido*

6 Escribe los verbos en la forma correcta.

Sin embargo, durante la década de los treinta, los científicos nu-cleares empeza-ron a calcular por primera vez las reacciones nu-cleares que tienen lugar en el interior del Sol y otras estrellas. Y ha-llaron que, aunque el Sol tiene que acabar por enfriarse, *(haber)* habrán *periodos de fuer-te calentamiento antes de ese fin. Una vez con-sumida la mayor parte del combustible básico, que es el hidrógeno, *(empezar)* empezarán *a desarrollarse otras reacciones nucleares, que *(ca-lentar)* calentarán *el Sol y *(hacer)* harán

que se expanda enormemente. Aunque *(emitir)* emitirá *una cantidad mayor de calor, cada por-ción de su ahora vastísima superficie *(tocar)* tocará *a una fracción mucho más pequeña de ese calor y *(ser)* será*, por tanto, más fría. El Sol *(convertirse)* se convertirá *en una masa gigante roja.

En tales condiciones, es probable que la Tierra se convierta en un ascua y luego se vaporice. En ese mo-mento, la Tierra, como cuerpo planetario sólido, *(acabar)* acabará *sus días. Pero no os preocu-péis demasiado: echadle todavía ocho mil millo-nes de años.

Isaac Asimov.

7 Señala los errores que aparecen en los dibujos y explica con tus propias palabras cuáles son los problemas.

8 Revoltigrama. Construye tríos de palabras en los que aparezcan /-d-/, /-r-/ y /-l-/ en posición intervocálica. Léelas en voz alta y comprueba que existen en español.

ro	ra	da	la	pi	**da**
mu	ho	mo	mo	la	o
la	**la**	mu	ra	**mu**	ra
da	la	o	do	ra	o
ha	a	da	mo	pi	ral

9 Salto de caballo. Completa la frase relacionada con nuestro tema. Para ello, utiliza el movimiento del caballo en el ajedrez.

ROL	TRE	DAL	TUM	BU	CLA	LU	SA
CU	LO	SU	PRO	CEL	COS	ZA	PA
TA	FAL	SA	TRAS	BRES	EL	TEL	RE
MAR	SEL	XI	PRA	TRO	NUES	PA	FAS
PAR	NE	PO	REL	EN	CAM	A	EN
ZAR	MO	FA	BRA	VAL	RES	DO	RA
PLA	CRO	RRA	SI	PRI	SAL	BIOS	LI
LA	PRA	HA	VAR	DE	ÑAS	PE	JO
ÑU	EL	SEL	HAL	GLO	UN	IM	NA

En el pro... ...   ...glo, ...   cam... en ... tras ...tum... pa...   ... ... el ... ne...

10 Vas a leer los resultados de una encuesta del **CYRES** sobre el comportamiento y la mentalidad de los españoles en temas medioambientales.

En general, menos del 2% de la población está afiliada a alguna asociación.

- Otras acciones:

Firma de cartas colectivas con peticiones medioambientales	17%
Donativos	15%
Manifestaciones	9%
Ni pertenece ni le interesa	77%

1. ¿Qué opinas sobre el resultado de la encuesta?

2. Imagina que esta encuesta se realiza en tu país: ¿qué resultados crees que aparecerían?

Con respecto a su responsabilidad en el tema, un 33% piensa que es muy difícil que una persona, de manera individual, pueda hacer algo; un 52% está en desacuerdo y un 14% no sabe, no contesta.

3. Y tú, ¿qué responderías?

La mayoría de los españoles piensa que la responsabilidad medioambiental es del Gobierno. ¿Estás de acuerdo o piensas que el ciudadano también tiene su parte de responsabilidad?

11 **Escribe cómo será en el futuro Juanito (no olvides utilizar el léxico que has aprendido).**

Juanito vive en una gran ciudad, una ciudad industrial. Su mayor deseo es llegar a ser un alto cargo de la central nuclear que hay donde vive y ganar mucho dinero, como su padre.

- ► medio ambiente
- ► humo
- ► sociedad
- ► ecología
- ► contaminar
- ► reciclar

12 **Lee este fragmento del artículo de Arundhati Roy.**

«Las grandes presas empezaron bien, pero han acabado mal. En todo el mundo hay un movimiento de oposición a ellas. En el primer mundo están siendo inutilizadas, destruidas mediante voladuras. No están de moda. No son democráticas. Son un instrumento del Gobierno para acumular poder (le permiten decidir quién obtiene cuánta agua y quién cultiva qué en cada sitio). Son una forma de arrebatar al campesino las ventajas que le daban sus conocimientos tradicionales. Son una forma descarada de quitar agua, tierra y riego a los pobres y regalárselos a los ricos. Los pantanos desplazan a enormes grupos de personas, los dejan sin hogares ni posesiones.

Desde el punto de vista ecológico, tampoco están bien vistas. Arrasan la tierra. Provocan riadas, inundaciones y salinidad, propagan enfermedades. Existen cada vez más pruebas sobre la relación entre las presas y los terremotos. Todo el mundo sabe que las grandes presas hacen lo contrario de lo que afirman sus defensores, y el mito del perjuicio a escala local para obtener un beneficio a escala nacional ya no se lo cree nadie.»

A continuación, te mostramos otra versión del texto anterior, aunque con algunos errores. Localízalos y corrígelos.

Las grandes presas empezaron bien; pero en un futuro no muy lejano termi- *terminarán* nan mal. Imagino que en todo el mundo hay un movimiento creciente de oposición a ellas. Supongo que en el primer mundo *serán* son destruidas. Imagino que no estarán de moda en los próximos años. Desde el punto de vista ecológico, tam- poco serán buenas. Creo que a finales de este siglo *provocarán* provocan riadas, inundaciones y salinidad. Imagino que existen cada vez más pruebas sobre la relación entre las presas y los terremotos. En el futuro todo el mundo *sabrá* sabe que las grandes presas ha- cían lo contrario de lo que afirmaban sus defensores.

13 **Adivina lo que piensan.**

1. *Ir a*

2. *Pensar + infinitivo*

3. Presente

1.

2.

3.

14 **Relaciona ambas columnas.**

1. hola

2. valla

3. as

4. tubo

5. vaca

6. haya

7. hora

8. cabo

9. hierba

a) obstáculo

b) parte del día

c) árbol

d) accidente geográfico

e) planta en general

f) animal

g) naipe

h) pieza cilíndrica y hueca

i) saludo

15 **Señala en el texto los usos del futuro con valor de duda y probabilidad en el presente, el pasado o el futuro y de acción futura.**

¿Qué pasará en los próximos años? ¿Qué voy a hacer con mi vida? Probablemente seguiré haciendo las mismas cosas. No sé si habrá merecido la pena tanto esfuerzo por mejorar en lo personal, si todo lo que nos rodea sigue desprotegido. Será difícil, pero no imposible, que todo cambie. No tardaremos en concienciarnos sobre este tema. Mis inquietudes no se quedarán en simples palabras. Habrá que dejar un mundo mejor a nuestros hijos.

1 Completa el siguiente texto con todos los imperativos que faltan (en 2.ª persona).

(Seguir) .....Sigue..... los pasos de Velázquez por el Madrid de los Austrias; estamos celebrando el cuarto centenario del nacimiento de Velázquez, autor de *Las Meninas*. *(Buscar)* .....Busca.... la sombra en El Retiro, donde la naturaleza aprendió a imitar el arte. *(Dejar)* ....Deja........... que la noche pase de largo en las terrazas al aire libre. En ellas se inventó el «dolce far niente». *(Elegir)* .....Elige........ un espectáculo: los Veranos de la Villa te ofrecen conciertos, verbenas, recitales, teatro, zarzuela, flamenco y hasta cine al aire libre. Y *(venir)* .....ven........... en avión, ya sabes que puedes ir del aeropuerto al centro en metro.

2 Completa las siguientes frases con los imperativos afirmativos o negativos.

1. *(Marchar, vosotros)* Marchaos a la agencia antes de que cierren.
2. *(No echar, ustedes)* No echen........... mucho arroz a la paella.
3. *(Levantarse, vosotros)* Levantaos....... temprano si queréis visitar Madrid.
4. *(llevar, tú)* lleva..... la maleta y *(ir)* ve.......... al hotel.
5. *(No comer, vosotros)* No comáis mucha carne.
6. *(Seguir, nosotros)* Sigamos..... por esta calle hasta encontrar un restaurante.
7. *(Hacer, tú)* Haz....... turismo cultural. Es más interesante.
8. *(Salir, tú)* Sal............ con tus amigos a divertirte.
9. *(Ir, tú)* Ve.......... al Museo del Prado.
10. *(venir, vosotros)* venid...... conmigo a pasear.

3 Escribe tu reacción ante estas situaciones.

1. Has quedado con un amigo; él siempre llega tarde.
2. Estás visitando un monumento y el guía habla demasiado deprisa.
3. Sales de viaje con un amigo y cuando vais a subir al coche se da cuenta de que se ha olvidado una maleta.
4. Trabajas en una agencia de viajes y tus clientes se han quedado de pie.
5. Estás despidiendo a un familiar. Sabes que a él le cuesta mucho escribir, pero a ti te encanta recibir cartas.
6. Comes con unos amigos y al acabar quieres invitarlos.
7. Vas a una agencia de viajes. Pagas tu viaje y olvidan darte la factura.
8. Estás en el tren y ves que una mujer mayor no puede subir.
9. Llevas un paquete muy pesado y te encuentras con un amigo.
10. Tu amigo está resfriado y quiere salir a la calle sin abrigo.

4 **Completa la tabla.**

	YO	TÚ	ÉL	NOSOTROS	VOSOTROS	ELLOS
dar	dé	des	dé	demos	deis	den
temer	tema	temas	tema	temamos	temáis	teman
estar	esté	estés	esté	estemos	estéis	estén
conocer	conozca	conozcas	conozca	conozcamos	conozcáis	conozcan
haber	haya	hayas	haya	hayamos	hayáis	hayan
advertir	advierta	adviertas	advierta	advirtamos	advirtáis	adviertan
ir	vaya	vayas	vaya	vayamos	vayáis	vayan
saber	sepa	sepas	sepa	sepamos	sepáis	sepan
ser	sea	seas	sea	seamos	seáis	sean

5 **Varias personas hablan de sus últimas vacaciones o hacen planes para las próximas. Lee lo que dicen y completa el cuadro siguiente.**

Carmen: Me gusta que mi marido y yo vayamos a hoteles caros. Se come muy bien. Es un turismo típico para gente sin problemas económicos, pero a nosotros nos encanta.

Pepe: Cuando venga mi hermano iremos a Sierra Nevada y nos alojaremos en un cortijo donde nosotros mismos prepararemos la comida. Es duro viajar así, pero estás cerca de la naturaleza.

Isabel: Cada vez que salgo de viaje busco lugares diferentes. Mongolia o el Sahara son dos de mis destinos preferidos. Viajar así es un poco peligroso, pero me gusta más este turismo aventurero, aunque la comida y el alojamiento no sean muy buenos.

	Carmen	Pepe	Isabel
lugar			
tipo de turismo			
comida			
alojamiento			
valoración			

6 **Completa con los verbos y tiempos adecuados.**

Ej.: *Cada vez que viene, (ir, nosotros) vamos a Madrid.*

1. Al ir a la agencia, *(ver, yo)* ......vi...........a Juan.

2. Vi a Juan cuando *(ir, el)* ....iba.........a la agencia.

3. Cuando viajo, mis amigos *(viajar)* ...viajan........

4. Cuando viaje, mis amigos *(viajar)* ...viajarán......

5. Mientras haga frío, no *(ir, yo)* ....iré............ a la montaña.

6. Mientras hace frío, no *(ir, yo)* ....voy..........a la montaña

7. Saldremos después de *(comer)* ......comer......

8. Saldremos después de que *(comer, ellos)* ......coman......

9. Trabajaré hasta que *(cansarme, yo)* ...me...canse....

10. Trabajo hasta que *(cansarme, yo)* ...me...canso....

7 Pepe Oñanguiru nos cuenta cómo se prepara una paella valenciana.

Hoy os voy a dar la receta de un plato valenciano: la paella, uno de los más internacionales.

Preparación: hay que lavar el arroz hasta que el agua salga clara. Mientras hervimos medio litro de agua, pelaremos los ajos y los cortaremos finos. Después de que hayamos hecho esto, escaldaremos los tomates con el agua hirviendo y los pelaremos. También pelaremos la cebolla y la cortaremos fina. Cortaremos la carne en trozos iguales. Además, hay que limpiar y lavar los pimientos y trocearlos y, por último, limpiar y lavar los mejillones y las gambas.

Elaboración: calentaremos el aceite en la paellera y freiremos la cebolla, el ajo, el tomate y los pimientos hasta que estén dorados. Cinco minutos antes de que esté terminado, añadiremos las gambas, los mejillones y la carne, dejando que ésta se dore un poco y removiendo constantemente. Luego añadiremos el arroz y lo freiremos también un poco, y, en cuanto esté frito, añadiremos las cuatro tazas de agua; a continuación, condimentaremos (sal, pimienta y azafrán). Dejaremos hervir a fuego muy lento y uniforme durante veinte minutos, sin remover, hasta que toda el agua se consuma. Cinco minutos antes de que esté terminada la cocción, echaremos los guisantes. Dejaremos reposar la paella con el fuego apagado. Cada vez que sirvamos este plato, lo acompañeremos de trozos de limón aparte.

1. Elabora la lista con los ingredientes.

2. Ordena las instrucciones de la preparación y ponlas en imperativo.

▶ Lo acompañaremos de trozos de limón aparte.
▶ Calentaremos el aceite en la paellera.
▶ Lo dejaremos hervir a fuego lento.
▶ Echar cuatro tazas de agua.
▶ Después, añadir las gambas, los mejillones y la carne.

▶ La dejaremos reposar cinco minutos.
▶ Lo sazonaremos con la sal, la pimienta y el azafrán.
▶ Freiremos la cebolla, el ajo, el tomate y los pimientos.
▶ Echaremos los guisantes.
▶ Añadir el arroz y freírlo.

8 Ordena las siguientes viñetas; después, construye frases en imperativo con los siguientes conectores y verbos.

☞ mientras (estar en el agua)
☞ antes de (bajar)
☞ cada vez que (venir una ola)
☞ antes de (tirarse de golpe)
☞ en cuanto (llegar)
☞ después de (quitarse la ropa)
☞ cuando (tumbarse al sol)

9 **Coloca las tildes o acentos gráficos que faltan.**

1. Relájese. Nosotros no lo hacemos.

2. Dígalo a sus amigos.

3. Si no llevas la guía Anaya, compóntelas como puedas.

4. Propónle a tu novia hacer un recorrido por Madrid.

5. Dejádselo (el coche) a Juan.

6. Váyase unos días al campo.

7. Dígame dónde está la Calle Mayor.

8. Móntate ahora mismo. No tienes otro tren hasta las seis.

9. Pídele que vaya contigo a la montaña.

10. Pídeme un folleto de ese viaje.

10 **Clasifica las palabras.**

- avioneta *(aéreo da diporto)*
- la Casa de Campo
- dominguero
- Museo Thyssen
- aventurero
- paella
- globo
- mochila *(zaino)*
- alternativo
- jamón serrano *(prosciutto crudo)*
- tren
- el Sahara
- queso *(formaggio)*
- guía *(guida)*
- autobús
- La Alhambra
- billete
- maleta
- coche
- Puerto Lápice

objetos necesarios para preparar un viaje	guía y billete
medios de transporte	avioneta; tren; autobús; coche; globo
lugares turísticos	Museo Thyssen; el Sahara; La Casa de Campo; Puerto Lápice; la Alhambra
tipos de turismo	aventurero; alternativo; dominguero
objetos para guardar cosas en un viaje	mochila y maleta
comidas	paella; queso; jamón serrano

11 **Completa con los verbos en la forma adecuada.**

1. Si hace sol *(ir)* iré a la playa.

2. Yo, si tengo dinero, *(hacer)* haré un crucero.

3. Si vienes cansado, *(dormir)* duerme.

4. Cuando viajo al norte de Europa *(llevar)* llevo ropa de abrigo.

5. Si trabajaba, *(comer)* comía en un restaurante.

6. Cuando tenía tiempo, *(visitar)* visitaba a mis amigos.

7. Mi jefe, cuando quiere descansar, *(quedarse)* se queda un día en casa.

8. De joven, cuando tenía dinero, *(salir)* salía todas las noches; si no, *(quedarse)* me quedaba en casa.

12 **Imagina que vas a una agencia a informarte sobre un viaje. Explica cómo será éste según las condiciones.**

Ej.: *Si hace buen tiempo...*

Si hace buen tiempo, iré a la montaña.

✓ Si tengo un mes de vacaciones...

✓ Si hace mal tiempo...

✓ Si no tengo mucho dinero...

✓ Si voy solo...

✓ Si voy acompañado de otros amigos...

13 **¿Qué planes tienes?**

Ej.: *Si tengo dinero, me iré a vivir solo.*

- tener dinero
- disponer de tiempo
- conseguir trabajo
- viajar a Londres
- subir a un avión

- ir a vivir solo
- viajar
- hacer yoga
- viajar en primera clase
- comprar un recuerdo

14 ¿Cómo eran tus vacaciones de niño? ¿Qué recuerdos tienes? Escribe una redacción y cuéntanoslo.

15 Vamos a preparar un recorrido de un día por Estrasburgo (Francia).

Estrasburgo, que en la época romana recibía el nombre de Argentoratum, se encuentra en la región de Alsacia, en la frontera con Alemania y Suiza.

Esta ciudad fue siempre un centro político y económico muy importante en Europa. Gracias a Gutenberg (puedes visitar la plaza que lleva su nombre), fue la cuna de la imprenta.

Tuvo su edad de oro en los siglos XV y XVI. Actualmente es sede de algunas instituciones europeas.

¿Qué se puede hacer o visitar?

✓ La catedral (visitar)

✓ El Parlamento Europeo (visitar)

✓ El Jardín Botánico (visitar)

✓ El barrio de *Le Petite France* "pequeña Francia" (visitar)

✓ Paseo en barco (hacer)

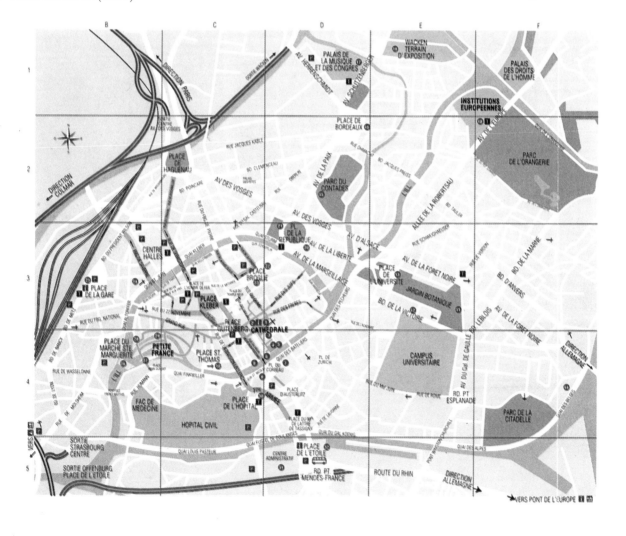

16 **¡Vamos a jugar!**

Cada vez que caes en un punto, deberás hacer lo que te pide la ficha.
Si lo haces, pasas al punto siguiente.

Ganas cuando llegas al final del viaje: Ciudad Real.

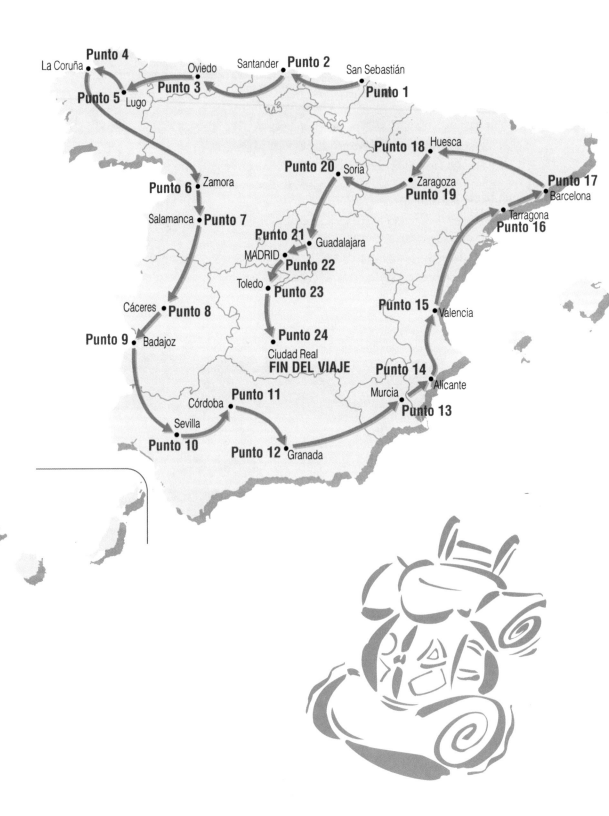

Punto 1: Comienzas tu viaje con un coche alquilado y en una de las ciudades más bonitas del norte de España. Allí se come muy buen pescado. Cuando nos digas el nombre de tres pescados podrás continuar tu viaje.

Punto 2: Conduces tu coche como un loco. Multa por exceso de velocidad. Pagarás 50.000 pts. y permanecerás dos turnos sin jugar.

Punto 3: Vete directamente a La Coruña (punto 5).

Punto 4: Estás en Lugo, la capital de la provincia más extensa de Galicia. Compra .... Adivínalo. Está riquísima. Lleva la cruz de Santiago elaborada con azúcar.

Punto 5: Día libre en La Coruña. Un turno sin jugar.

Punto 6: Te das un baño en el río Duero y nadando, nadando llegas hasta Soria (punto 20).

Punto 7: Al llegar visitarás en primer lugar el edificio de la Universidad. La segunda más antigua de España.

¿En qué siglo se creó? .... Si aciertas pasas a la casilla siguiente, si no, no saldrás de esta ciudad hasta que no te salga un cuatro. No te preocupes, tienes mucho que ver: la Plaza Mayor, la catedral vieja, la nueva, el puente romano...

Punto 8: Estás demasiado cansado para seguir conduciendo y puedes elegir entre dos opciones: dormir en un hotel de cuatro estrellas o en una pensión. Elige. Razona tu respuesta.

Punto 9: Disfruta de las tapas: un buen plato de .... serrano y después unas .... de cordero.

Punto 10: Nombre de un baile típico andaluz relacionado con el de esta ciudad. No pasarás al siguiente punto hasta que no des unos pasos de este "superconocido" baile.

Punto 11: Has tomado demasiado el sol y padeces una insolación, por lo que pasarás unas horas en el hospital. No saldrás hasta conseguir un 5.

Punto 12: Un día estupendo. Visita obligada a la Alhambra. Di alguna comida típica del sur de España.

Punto 13: Un calor horroroso. No en vano, Murcia es de las zonas más calurosas de España. ¿A que te apetece bañarte? ¿Dónde? En la .... del Mar Menor.

Punto 14: Día de playa. Has tomado demasiado el sol y has pillado una insolación. Tendrás que pasar unas horas en el hospital. No sales y pasas a la casilla siguiente hasta que no te salga un 6.

Punto 15: Di, al menos, tres ingredientes del plato valenciano más conocido internacionalmente. Así pasarás al siguiente punto.

Punto 16: Avería en tu coche. Debes dejarlo en el taller y continuar el viaje en autobús. Retrocede al punto 14, porque desde allí tendrás autobús directo al día siguiente (un turno sin jugar).

Punto 17: ¿Qué planes tenemos para hoy? Paseo en barco, visita al Museo Picasso y cena en El Puerto Olímpico a base de pescado. Estás cansado, ¿verdad? Día de descanso: un turno sin jugar.

Punto 18: Al llegar aquí hace mucho frío. Decides no parar y continúas hasta Zaragoza.

Punto 19: Estás cansadísimo de conducir. Te animas a dejar el coche y a tomar un avión hasta Madrid.

Punto 20: Cambio de planes. Decides no parar en Soria y vas directamente a Zaragoza.

Punto 21: Visita a Alcalá de Henares. No puedes perder la oportunidad. A medio camino entre Guadalajara y Madrid, Ciudad Patrimonio de la Humanidad desde 1998. ¿Qué escritor nació aquí?

Punto 22: ¿Cuál de estos dos monumentos, la Giralda y la Cibeles, no está en Madrid?

Punto 23: Toledo es una mezcla de culturas, tradiciones y religiones. ¿Puedes decir al menos dos de las religiones que convivieron en esta ciudad?

Punto 24: ¿Con qué personaje de la literatura universal puedes relacionar la siguiente fotografía?

Cuidar el cuerpo y el espíritu

7

ámbito 1 **Me encanta divertirme**

▶ Expresar estados de ánimo y sentimientos
▶ Expresar finalidad
▶ Expresar concesión

ámbito 2 **Es bueno que escuches música**

▶ Expresar juicios y valoraciones
▶ Mostrarse a favor o en contra de una idea
▶ Justificar o argumentar una opinión
▶ Expresar certeza

1 **Relaciona las columnas.**

✓ Las alegres chicas de El Molino Rojo ▸ cabaré
✓ *Carmen*, de Bizet ▸ concierto
✓ Madonna ▸ teatro
✓ *Hamlet* ▸ musical
✓ *Secretos del corazón* ▸ cine
✓ *Los miserables* ▸ baile, danza
✓ *Don Quijote* ▸ ópera

2 **Lee los ejercicios 2 y 3 del Libro del Alumno. Para algunos de los verbos que en él aparecen, existen otros con el significado contrario.**

▶ alegrarse ≠ entristecerse
▶ odiar ≠ adorar
▶ gustar ≠ disgustar

Cambia las ideas de los personajes del ejercicio usando verbos de significado contrario o su forma negativa.

✓ Mujer 1:
✓ Mujer 2:
✓ Hombre 1:
✓ Mujer 3:
✓ Mujer 4:
✓ Hombre 2:

3 **Forma oraciones según el ejemplo.**

Ej.: *Me alegra* (yo, poder asistir al...).
    Me alegra poder asistir al concierto.

1. Nos molesta *(tú, no sacar las entradas)*.
2. Les preocupa *(vosotros, no hacer deporte)*.
3. Me entristece *(tú, dejar…)*.
4. Les alegra mucho *(ellos, dejar…)*.
5. Sentimos *(ella, participar…)*.

6. Le da miedo *(él, ver…)*.
7. Te molesta *(nosotros, tener…)*.
8. Les da mucha alegría *(nosotros, viajar…)*.
9. Me pone triste *(yo, asistir…)*.
10. Nos preocupa *(tú, no entrenar…)*.

4 Final de la Copa del Mundo 98 entre Francia y Brasil. Resultado final: 3-0. Imagina y escribe lo que dijeron después del partido los capitanes de los equipos.

Me entristece...

Me alegra...

5 Encuentra y marca en la sopa de letras los deportes que hemos estudiado en el Libro del Alumno (hay 10).

M	O	P	Q	R	S	T	U	W	L	O	N	I	I	S	C	Q	P	P
C	T	U	V	B	P	E	H	M	B	C	U	U	M	N	M	S	O	O
T	U	F	R	S	F	F	I	P	B	Q	Q	B	V	X	Z	L	M	O
M	N	V	B	N	J	Y	U	I	O	S	M	N	N	I	O	S	M	S
V	C	D	X	Z	H	T	E	T	E	N	I	S	B	B	I	O	L	Ñ
S	W	E	R	T	Y	U	Y	B	B	J	U	I	I	L	O	J	I	K
P	O	L	P	L	M	N	B	A	I	O	O	E	C	C	V	X	X	I
B	V	N	J	M	L	V	L	X	J	K	L	I	N	J	H	B	E	C
V	C	X	Z	B	N	O	M	O	T	O	C	I	C	L	I	S	M	O
S	D	F	G	H	N	D	E	S	V	D	F	C	V	B	N	G	N	M
V	C	L	Z	C	V	A	T	L	E	T	I	S	M	O	J	N	M	K
V	C	E	E	G	H	I	T	G	F	S	U	M	M	L	K	P	O	I
C	V	S	M	J	K	L	P	A	F	V	C	B	V	X	Z	C	V	B
T	T	B	Z	A	Q	E	R	C	C	B	V	X	Z	K	L	Ñ	L	Ñ
O	S	B	O	X	E	O	F	V	T	I	A	S	D	C	X	Z	A	X
S	A	X	C	Z	C	V	B	B	N	O	O	D	S	A	Q	W	E	L
A	S	D	F	G	H	J	K	L	Ñ	Z	X	N	N	A	Z	Q	W	E

6 Completa el texto con las siguientes palabras y pon el artículo cuando corresponda.

ejercicios, nivel, senderismo, calzado, deporte, preparación

Caminar: ....el deporte.... olvidado.

El más antiguo de ...los ejercicios... y, al mismo tiempo, el más fácil de practicar. En .....el nivel...... más avanzado está ...el senderismo... para lo que se exige ..la preparación.física mínima.

Precios: Para caminar sólo hace falta ...un calzado..cómodo y resistente.

7 **Escribe qué sentimientos o estados de ánimo te provocan estas situaciones.**

▶ Película de terror.

▶ Después de esperar varias horas no consigues el autógrafo de tu ídolo.

▶ Ceremonia de despedida de un viejo actor.

▶ Película cómica.

▶ Tu entrada te ha costado muy cara y no ves bien el espectáculo.

▶ Película policiaca.

▶ Victoria de un compatriota tuyo en una competición olímpica.

▶ Espectáculo de circo.

8 **Forma palabras de dos o tres sílabas relacionando las de las columnas. Pon la tilde cuando sea necesario.**

✓ ac   y   so
✓ pei   ni   guo
✓ do   cuo   do
✓ reu   ti   diais
✓ an   ne   na
✓ a   tu   tueis
✓ es
✓ dia

9 **Completa las frases con los sustantivos adecuados.**

1. Iván Pedroso es un ...atleta... excelente. La altura es su especialidad.
2. A la ...representación... teatral acudió poco público.
3. En el ...maratón... se corren más de 42 kilómetros.
4. Ana ha hecho una gran ...actuación... en la comedia.
5. El final de esa obra de teatro es muy triste: mueren los dos protagonistas. Es un verdadero ...drama...
6. No comprendo por qué ves ese tipo de películas. Al empezar se abre un ...ataúd... y sale un cadáver.
7. La ...bailarina... se hizo daño en el pie cuando interpretaba la muerte del cisne.
8. Para practicar el ciclismo hay que tener un ...corazón... fuerte.
9. El ...programa... de televisión fue bastante aburrido.
10. La ...noche... del estreno iba demasiado pintada, llevaba mucho ...maquillaje...

10 **Completa con las palabras o el artículo necesarios.**

1. Magic Johnson es un ...jugador... de baloncesto.
2. Conozco muy bien todas las películas de ese director. A través de ellas veo ...la... personalidad de ...los... actores.
3. Luciano Pavarotti se ha divorciado de su primera ...mujer...
4. ...Los... jockeys son grandes deportistas.
5. Todavía no se ha estrenado ...el... musical, pero existe un fuerte temor con respecto a la acogida del ...público...
6. Pelé es un ...jugador... viejo.
7. Estoy ante ...el... dilema de mi vida: ¿acepto trabajar con Richard Gere o con Brad Pitt?
8. El ...dopaje... tomar sustancias prohibidas para rendir más en ciertos deportes, está, tristemente, de moda.

11 Pon el verbo en la forma correcta según se trate de un hecho real o posible.

  1. (Hecho real) Aunque me *(emocionar)* ....emociona...... la interpretación de ese actor, no voy al cine.

     (Hecho posible) Aunque me *(emocionar)* ....emocione..... la interpretación de ese actor, no iré al cine.

  2. (Hecho posible) Aunque les *(gustar)* ....guste........ esa cantante, no irán al concierto.

     (Hecho real) Aunque les *(gustar)* ....gusta........ esa cantante, no van al concierto.

  3. (Hecho posible) Aunque *(tener)* ....tenga......... un caballo, no practicará la equitación.

     (Hecho real) Aunque *(tener)* ....tiene.......... un caballo, no practica la equitación.

  4. (Hecho real) Aunque *(actuar)* ....actúa.......... como héroe de la obra, no me gusta su papel.

     (Hecho posible) Aunque *(actuar)* ....actúe.......... como héroe de la obra, no me gustará su papel.

  5. (Hecho posible) Aunque *(entrenar)* ...entrene........ todos los días, el atleta no ganará ninguna carrera.

     (Hecho real) Aunque *(entrenar)* ....entrena........ todos los días, el atleta no gana ninguna carrera.

12 Forma oraciones como la del ejemplo, relacionando las columnas de cada apartado.

  Ej.: *Aunque es famoso, no es feliz.*

YO LO SÉ		YO NO LO SÉ	
▶ ser famoso	▶ no ser feliz	✔ el concierto costar barato	✔ no asistir
▶ hacer deporte	▶ ser un actor pésimo	✔ la película estrenarse pronto	✔ no dejar el trabajo
▶ tener muchos premios	▶ estar gordito	✔ el ciclista no ganar la Vuelta	✔ seguir siendo el mejor
▶ cantar bien	▶ no gustar	✔ tener un hijo	✔ es magnífico
▶ conocer a mucha gente	▶ sentirse solo	✔ la actriz actuar mal	✔ continuar siendo su admirador

13 Escribe el nombre de cinco deportes y cinco espectáculos. Al lado, escribe otro sustantivo relacionado con ellos.

  Ej.: *atletismo, atleta; teatro, actor.*

14 Escribe para qué sirven.

  ▶ Un teléfono móvil

_____

  ▶ Una raqueta

_____

  ▶ Un balón de fútbol

_____

  ▶ Unos prismáticos

_____

  ▶ Un sombrero

_____

15 Completa el texto con las preposiciones que faltan.

Todos los años, ..por.. estas fechas, me voy a hacer ciclismo a Cazorla. Es magní-fico ..para.. eliminar los kilos de más, ..para.. fortalecer la circulación (y, por tanto, el corazón), los pulmones y los músculos de brazos y piernas. Yo ya lo he practicado ..por.. toda España.

..Por.. 50.000 pts. (300,51 €) puedes comprarte una buena bicicleta. El ciclismo es maravilloso. Yo no lo cambio ..por.. otro deporte. Entreno normalmente tres veces ..por.. semana.

16 Test deportivo. Marca la respuesta correcta.

1. ¿Cómo se llama el estadio donde juega habitualmente el F. C. Barcelona?

▶ Santiago Bernabeu   x ▶ Camp Nou   ▶ Vicente Calderón

2. Fíjate en las siguientes fotografías: ¿quién es Miguel Induráin?

3. ¿Cuáles de los siguientes objetos no se utiliza en baloncesto?

4. ¿En qué deporte está destacando Sergio García, *el Niño*?

▶ tenis   ▶ fútbol   x ▶ golf

5. ¿Qué acontecimiento deportivo tuvo lugar en Barcelona en el año 1992?

– la Copa de Europa de Fútbol
– los Juegos Olímpicos
– los Mundiales de Natación

6. ¿Quién fue el primer saltador de pértiga que pasó la barrera de los seis metros?

▶ Serguéi Bubka   ▶ García Chico   ▶ Tarasov

7. ¿Con qué deporte relacionas a Arancha Sánchez Vicario?

▶ atletismo   ▶ tenis   ▶ esquí

8. ¿Qué jugador de fútbol era conocido con el sobrenombre de *El Buitre*?

▶ Di Stéfano   ▶ Pelé   ▶ Butragueño

9. ¿Cuál de los siguientes deportes no es de riesgo?

10. De las siguientes actividades,
¿cuál requiere un mayor esfuerzo
físico?

▶ correr

▶ pintar

▶ hacer *zapping*

17 **¿Practicas algún deporte? Explica cuál es y para qué lo haces.**

1. Si te gusta más asistir a un espectáculo, escribe cuál es el último que has visto y para qué fuiste.

En ocasiones, practicamos deporte o asistimos a un espectáculo por diversas causas. Por ejemplo: *Ha...
aerobic para que mi amiga lo practique conmigo* o *Fui al cine para que mi madre saliera de casa.*

2. Elige un deporte o espectáculo y escribe algunas razones de este tipo para justificar tu afici...

1 Completa.

Soy una fan de Bruce Springsteen. Hoy voy a su ~~concierto~~. Creo que llevará unos ~~altavoces~~ enormes y cuando cante por el ~~micrófono~~ sonará muy bien. En casa lo escucho en mi ~~equipo de música~~ con mis ~~auriculares~~. Tengo todos sus ~~CD~~. Es el mejor ~~cantante~~ del mundo.

2 Sustituye las palabras en negrita por un pronombre.

Ej.: **Mi amigo y yo** tocamos el violín.

Nosotros tocamos el violín.

1. Voy a comprar **el CD de Molotov a Juan.** *voy a comprarselo*
2. No recuerdo **el nombre del compositor de la *Marcha Nupcial*.** *No lo recuerdo*
3. A **mi novio y a mí** *nosotros* nos gusta Michael Jackson, pero a **Luis** *él* le gusta Julio Iglesias.
4. Di **a Juan que es bueno poner música a las plantas.** *Díselo*
5 Voy a dar **las entradas a mi hermana.** *Dárselas*
6. ¿Sabes el dicho de que "la música relaja **el espíritu**"? *lo relaja*

3 Escribe tu nombre y apellidos.

_____

1. Ahora, ponlos entre signos de interrogación.
2. Responde afirmativamente, identificándote:

Sí, ...

3. ¿Recuerdas? Éste es el primer uso en el que aparecen obligatoriamente los pronombres personales. Repasa los demás usos con ejemplos, pero sin utilizar los que aparecen en el Libro del Alumno.

Contestar a una pregunta dirigida a varias personas.

_____

Con *también* y *tampoco*.

_____

Contraste entre dos sujetos.

_____

Para evitar ambigüedad.

_____

4 Un periodista de la revista *Musicalia* llama a la famosa cantante María para que confirme o desmienta los rumores sobre su retirada del mundo de la canción.

P.: Hola, buenos días, ¿puedo hablar con María?

M.: Sí, soy yo.

P.: Llamo de la revista *Señoras* para confirmar o desmentir su retirada de la canción.

M.: No es cierto.

P.: Últimamente se la ve con muchos problemas. Yo, en su lugar, me plantearía la decisión de abandonar la canción.

M.: Yo, a veces, también me lo planteo.

P.: ¿En esos problemas entran los conyugales?

M.: No es ningún secreto. Él va por su lado y yo por el mío. Ya ni siquiera viaja conmigo a pesar de representante. Entre nosotros no hay ninguna relación.

P.: Muchas gracias, María. Nos pondremos en contacto con usted para una entrevista más amplia.

M.: Adiós.

Subraya los pronombres en función de sujeto del diálogo y explica por qué aparecen.

5 Practica el uso de los pronombres personales con preposición completando las frases como en el ejemplo.

Ej.: *María tiene una idea. Su idea es buena. Tú lo dices. Según María, su idea es la mejor del mundo.*

1. Tu amigo y tú vais a un recital de guitarra flamenca y os han dado asientos separados por una butaca. ¿Qué diríais?

Hay una plaza libre ...*entre*... tú y yo.

2. Pregúntale a tu madre si quiere que salgáis juntos a bailar.

¿Quieres salir a bailar ...*conmigo*...?

3. Tu hermano te dice que va a acompañarte al concierto de Luz Casal.

Voy ...*contigo*... al concierto de Luz Casal.

4. ¿Qué dirías de un chico que habla solo?

Habla ...*consigo*... mismo.

6 Completa las casillas con las palabras según tengan diptongos (D), hiatos (H) o triptongos (T).

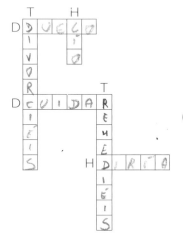

[duelo, divorciéis, diría, lío, remediéis, cuidar]

7 Relaciona.

✓ cantar — canción

✓ cantante — grupo

✓ CD — representante

✓ género musical — disco

✓ concierto — salsa

8 Vuelve a escribir las frases siguientes transformando una valoración general en otra particular.

Ej.: *Es maravilloso escuchar ópera.*
(los niños) Es maravilloso que los niños escuchen ópera.

1. Es pesado pedir autógrafos a los cantantes.

(La gente) *Es pesado que la gente pida autógrafos a los cantantes*

2. Es agotador hacer cola para comprar las entradas del concierto. *(Vosotros)*

3. Es bueno saber tocar la guitarra. *(Tú)*

4. Es estupendo practicar una actividad física regularmente. *(Nuestros amigos)*

5. Es aconsejable ir pronto a comprar las entradas. *(Ellos)*

6. Es aburrido ir a correr solo. *(Él)*

7. Es una pena no tener más tiempo para escuchar música. *(Nosotros)*

8. Es divertido ir al cabaré. *(Tú)*

9. Es genial estar en forma. *(Vosotros)*

9) Es genial que estéis...

2) Es agotador que hagáis cola...

3) Es bueno que sepas tocar la guitarra.

4) Es estupendo que nuestros amigos practiquen una...

5) Es aconsejable que vayan pronto...

6) Es aburrido que vaya a...

7) Es una pena que no tengamos...

8) Es divertido que vayas

9 **Construye frases que expresen valoración.**

1. Es útil *(saber)* _____

2. Es mejor que *(comprar)* _____

3. Es importante *(escuchar)* _____

4. Es aconsejable que *(salir)* _____

5. Es natural que *(cantar)* _____

6. Es malo *(dejar)* _____

7. Es necesario que *(relajarse)* _____

10 **Lee estas fichas sobre personas relacionadas con el mundo de la música y contesta las preguntas.**

Nacionalidad: canadiense.

Canta en francés y en inglés.

Discografía: 1997, *Let's talk about love.*

¿Crees que es Alanis Morissette?

No creo ....

Creo ....

1

Nacionalidad: española.

Tocaba muy bien la guitarra.

Su obra más conocida: *Concierto de Aranjuez.*

¿Quién es?

Creo ....

....

2

Nacionalidad: estadounidense.

Toca el oboe.

Discografía: 1992, *Breathless;*

1996, *The moment.*

¿Quién es?

Creo ....

3

Nacionalidad: austriaca.

Fue niño prodigio.

Obras: *La flauta mágica,* el *Réquiem.*

¿Crees que es Beethoven?

No creo ....

Creo ....

4

11 **Cajón de sastre.**

¿Qué opinas de los siguientes comentarios?

1. La música amansa las fieras.

2. La gente piensa que la calidad de la voz de un cantante de ópera aumenta con el peso corporal.

3. La armónica es el instrumento más popular en el mundo. En 1965 se vendieron más de 28 millones en EE. UU.

4. Durante su carrera media, unos 5 años y medio, los bailarines practican ocho horas diarias, siete días a la semana.

5. Jean Baptiste Lully (1632-1687), músico de la corte de Luis XIV de Francia, se atravesó el pie con el bastón con el que golpeaba el suelo para marcar el compás a su orquesta. Más tarde murió a causa de la infección producida por la herida.

6. Los cantautores de más éxito son Paul McCartney (1942) y John Lennon (1940-1980). El primero ha tenido 32 sencillos como número uno en EE. UU. y 28 en el Reino Unido. John Lennon tuvo 26 números uno en EE. UU. y 29 en el Reino Unido.

12 **Pon las tildes en el siguiente texto.**

Hoy oí en la radio que el tenor Carreras daría una serie de recitales en el Teatro Real de Madrid. No vayáis, me dijo mi tía; no conseguiréis entrada. Lo mejor sería la reventa. Sí, dije yo, pero es muy cara, y además no nos gustaría tener problemas con la policía.

13 **Contesta negativamente a las siguientes preguntas.**

1. ¿Te he dicho ya que este disco está muy bien?
2. ¿Os dijo qué canción de Manzanita había oído?
3. ¿Te explicó qué había hecho después de trabajar?
4. ¿Os he contado cuándo conocí a Frank Sinatra?
5. ¿Te ha dicho con quién viene?

6. ¿Os explicó Enrique qué planes tenía para la próxima gira?
7. ¿Has pensado dónde quieres que vayamos?
8. ¿Han anunciado que el grupo va a separarse?
9. ¿Os he contado que voy a entrevistar al gran Pavarotti?
10. ¿Ha comunicado a la prensa que han anulado el concierto?

14 **Relaciona estos enunciados con las fotografías. Después escribe frases que confirmen o nieguen lo que se dice en ellas.**

1. Hago música para niños.
2. En general, mi música ayuda a relajarse.
3. El *Submarino amarillo* es una canción de José Luis Perales.
4. No vendo muchos discos.

15 **"La ópera: aburrida o minoritaria." Escribe sobre el tema un mínimo de quince líneas.**

Hoy ceno con mi jefe

8

á m b i t o 1 ¿Sería tan amable de...?

- ▶ Expresar deseo y petición
- ▶ Justificar una petición
- ▶ Conceder o denegar permiso
- ▶ Expresar orden y mandato
- ▶ Dar instrucciones
- ▶ Expresar una acción futura en relación con un pasado

á m b i t o 2 Haz un curso de informática

- ▶ Dar consejos
- ▶ Hacer valoraciones
- ▶ Expresar lo objetiva y subjetivamente necesario

1 Relaciona.

✓ haría ➤ ellos
✓ amarían ➤ tú
✓ cabríamos ➤ él
✓ vendríais ➤ yo
✓ dirías ➤ vosotros
✓ querría ➤ tú
✓ sería ➤ él
✓ desearía ➤ nosotros
✓ pondríais ➤ yo
✓ permitirías ➤ vosotros

2 Transforma las oraciones utilizando el imperfecto cuando sea posible.

1 Podías ¿Puedes decirme donde está la farmacia más próxima?

2 Cierra la ventana.

Deseaba ¿Desea alguna otra cosa, señor? *3*

4 ¿Me dejas hacer una llamadita?

Quería Quiero una habitación doble. *5*

3 Completa utilizando el condicional y el vocabulario estudiado en el Libro del Alumno.

1. ¿(Poder, vosotros) Podríamos ir al super a comprarme una botella de leche?
2. (Querer) Querría informarme sobre lo que cuesta renovar el pasaporte en la comisaría
3. ¿(Dejar, tú) Dejarías que llamara por teléfono?
4. ¿(Ser tan amable de + infinitivo) Sería de declarar donde está la recepción en este hotel?
5. ¿(Importar, usted) Le importaría confirmarme mi reserva para el Parador de Gredos?
6. (Gustar, yo) Me gustaría que llamaras al hotel para saber si en el precio están incluidos el desayuno y una comida, es decir, si es media pensión
7. (Querer, yo) Querría un vaso de agua.
8. Camarero, ¿(poder, usted) Podría traerme un café ?
9. ¿(Importar, vosotros) Importaría comprarme periódico en el quiosco?
10. ¿(Hacer, ustedes) Harían el favor de traerme la compra a casa?

4 **Transforma las oraciones siguiendo el ejemplo.**

Ej.: *Traer/usted (a mí) = la cuenta, por favor.*
Tráigame la cuenta, por favor.

1. No tolerar / yo ≠ tú / hacer eso *No tolero que tu hagases*
2. Dar / vosotros (a nosotros) = los abrigos *Dadnos los abrigos*
3. Prohibir / yo ≠ vosotros / salir de noche *os prohibo de salir de noche*
4. Mandar / tú (a mí) = los paquetes a casa *Mándame los paquetes a casa*
5. Ordenar / yo ≠ usted / detenerse *Le ordino que se detenga*
6. Esperar / tú (a mí) = al lado del centro comercial *Espérame al lado del centro comercial*
7. No permitir / yo ≠ tú / llegar tarde *No permito que eege larde*

5 **Localiza en la siguiente sopa de letras siete siglas.**

N	R	L	O	M	N	D	O	S	T	U
A	T	U	L	S	N	J	V	I	O	E
T	I	I	S	I	Z	M	E	V	F	W
O	O	P	Q	O	R	E	S	N	T	U
S	T	T	E	T	C	I	E	S	N	Ñ
M	U	S	W	N	H	R	O	I	U	A
V	U	N	O	B	R	Q	E	N	L	B
T	J	H	Z	N	V	I	L	M	Z	H

6 **Contesta a las siguientes preguntas empleando el vocabulario y las expresiones que ya conoces.**

1. ¿Qué puedo comprar en un quiosco?
2. ¿Qué significa una habitación doble en un hotel?
3. ¿Qué está incluido en una media pensión?
4. Si quieres pasar una noche en un hotel, ¿qué has de hacer primero?
5. Di, al menos, tres productos que comprarías en un supermercado.
6. ¿Qué puedo pedir en una oficina de Correos?

7 **Pon estos verbos en imperativo, forma una frase con cada uno de ellos y explica su uso.**

1. dar
2. olvidar
3. ordenar
4. beber
5. fumar
6. seguir
7. tomar

8 Sustituye por pronombres las palabras en negrita.

Él

Llama a Miguel. **Miguel** quiere que vayas a cenar a su casa.

1

telefonéalos

Telefonea **a los de la agencia**. No tienes plaza en el hotel Emperador.

2

María está muy enfadada. *clámala* Llama **a María** y pide perdón *pídele* **a María**.

3

Tu amiga Noelia te ha llamado también y ha ordenado *le* que pidas perdón **a María**.

4

En el banco ya tienen el dinero. Han dicho que pases a recoger **el dinero** cuando quieras. *recogerlo*

5

Lleva a tu hermana una caja de leche. Lleva *llévasela* **la leche** rápidamente **a tu hermana**. Su niño tiene gripe.

6

9 Completa los siguientes fragmentos de titulares de prensa con las siglas que conoces.

1. La .... Médicos Mundi ha prometido enviar más médicos a Kosovo

2. Hoy, día 23, huelga de .... No circularán trenes entre las 11 y las 24 horas

3. EN BREVE SE PODRÁ RENOVAR EL .... A TRAVÉS DE INTERNET

4. EL SECRETARIO GENERAL DE LA ORGANIZACIÓN DE NACIONES UNIDAS,...................., KOFFI ANNAN, HA INICIADO UN VIAJE A RUANDA

5. Austria, Finlandia y Suecia han sido los tres últimos países que han ingresado en la ....

6. El impuesto sobre el valor añadido, ..., desaparecerá a partir del próximo año

7. La .... es la organización militar más activa en Europa

10 **Completa.**

A: ¿Qué hiciste ayer?

B: Fui a un restaurante chino con Lucía y me *(comentar)* ...comentó... que hoy *(tener)* ...tendría... una fiesta de cumpleaños.

A: ¡Oye, no sería la de Antonio! Yo estuve con él y me *(explicar)* ...explicó... que le *(gustar)* ...gustaría... invitarnos hoy a su casa.

B: ¿Y no te *(decir)* ...dijo... qué tipo de fiesta *(hacer)* ...haría...?

A: Me *(asegurar)* ...aseguró... que *(ser)* ...sería... algo sencillo y también me *(decir)* ...dijo... que nos *(esperar)* ...esperaría... en la cafetería Roma hasta las siete. Así, aprovecharía para enseñarnos su nueva casa.

B: Pues ya son las seis y aún no le hemos comprado un regalo.

A: No te preocupes, como yo ya hablé con Lucía, ella me *(decir)* ...dijo... que se *(encargar)* ...encargaría... de comprarle algo.

B: Perfecto. Entonces nos vemos en la Roma a las siete.

11 **Relaciona los verbos opuestos y construye una frase con cada uno.**

prohibir   *pedir*   *solicitar*   *ofrecer*

permitir   *recibir*

12

1. Escribe tres anuncios para publicar en un periódico en los que se ofrezca:

- Regalo de una camiseta por la compra de unos pantalones. Boutique X.

- Liquidación de 2.000 alfombras orientales por cierre de negocio.

- Rebajas en muebles del hogar.

2. Redacta otros tres anuncios breves en los que se solicite:

- Una pareja de gatos siameses.

- Una casa para veranear en la costa levantina.

- Un equipo de esquí de segunda mano[1].

[1] usado

1 **Completa las frases.**

1. Yo, que tú, ...*buscaría*.... un nuevo trabajo con otro horario.

2. Te aconsejo que ....*resuelva*.... pronto tus problemas laborales.

3. Nosotros, en tu lugar, ...

4. Dice Juan que él, en mi caso, ...

5. Es mejor que ....*hagas*.... un curso de inglés.

6. ....*estudia*.... otra carrera universitaria.

7. Te sugiero que ....*seas*.... optimista.

8. Es bueno que ....*cambies*.... de puesto de trabajo.

9. Es recomendable que ....*cuentes*.... a tus conocidos que buscas trabajo.

10. Nosotras, en tu caso, ... al INEM.

2 **Situaciones.**

Tu mejor amigo/a ha ido a México a estudiar español. Allí ha encontrado trabajo, se ha enamorado y ha decidido quedarse definitivamente.

1. ¿Qué le aconsejarías o dirías si estuvieras en su lugar?

Te entrevistan para un trabajo que puede ser el de tu vida: estable, bien pagado, interesante, con posibilidades de viajar en algunas ocasiones. Te encanta. Al final, el entrevistador te pregunta si tienes intenciones de casarte con tu novio y de tener hijos. No puedes soportar su actitud y te marchas muy enfadada. ¿Qué tenía que ver eso con el perfil que solicitaban?

2. ¿Crees que en posteriores entrevistas esta chica tendría que mantener esa actitud o está siendo demasiado exagerada?

Juan es médico. Le gusta su trabajo y a, pesar de todo, siempre sueña con su mes de vacaciones. Adivina qué hace: se marcha con la organización Médicos Sin Fronteras a ayudar a países que sufren dificultades. El verano pasado estuvo en Bosnia. Su mujer no soporta más la situación y le da un ultimátum: o las ONG o su familia.

3. ¿Qué le aconsejarías que hiciera?

3 **Últimamente, Marta está un poco deprimida: no le han ido bien las cosas en el trabajo, se ha enfadado con su mejor amiga, siente que su vida está vacía. Su familia y sus amigos están intentando ayudarla. ¿Qué crees que le están aconsejando? Forma frases completas.**

1. su amigo Juan

2. su novio

3. su madre

4. su hermana

5. su amiga Lola

6. un antiguo compañero de trabajo

7. su padre

8. su vecina

4 Busca en esta sopa de letras siete palabras que has aprendido en este ámbito.

A	N	F	R	M	I	A	A	J	M
T	U	D	I	S	N	O	I	O	U
S	A	N	T	U	E	R	C	R	L
I	N	F	O	R	M	E	N	D	U
V	I	C	T	I	O	R	A	E	C
E	T	E	R	P	R	E	T	N	I
R	H	I	D	J	E	L	S	A	R
T	O	Ñ	E	T	G	Z	N	D	R
N	X	A	N	U	N	C	I	O	U
E	W	B	A	L	T	B	O	R	C

5 Completa con los pronombres relativos.

1. Conozco a una persona ...con quien... hablaré para conseguirte un trabajo.

2. La razón ...por la que... me voy eres tú.

3. La experiencia laboral ....que......... tiene es muy importante.

4. Preséntese en la dirección ....que.......... le indicamos.

5. Quedamos para estudiar en el lugar ......donde...... dijimos.

6. La mujer ...con quien... hablaba era mi jefa.

7. La secretaria ...a quien...... debes dar la instancia está en la oficina 5.

8. He comenzado a trabajar en la oficina ...de la que... te hablé la semana pasada.

9. El director de esa empresa es alguien ...con quien... no debes confiar.

10. Fui a una entrevista ...en la q. s. no era necesario llevar traje.

6 Forma oraciones de relativo utilizando *que / quien* (no emplees el artículo).

1. Puede confiar en mi hermano. Mi hermano es la persona.

2. Se marchó con Luisa. Luisa era su secretaria desde hacía pocos meses.

3. Vimos una casa. La casa era pequeña.

4. Los empresarios entrevistan a algunas personas. Esas personas cumplen ciertos requisitos.

5. Vamos a ver a Miguel. Miguel está en la oficina de enfrente.

6. Pregunto por una señora. Esa señora trabaja aquí.

7 Transforma los siguientes anuncios de prensa en una oración de relativo.

Regalo traje de novia como nuevo... *1*

Necesitamos una secretaria con inglés... *2*

Vendo casa, muy luminosa... *3*

Se requiere chico trabajador y responsable para trabajo temporal en empresa de ordenadores... *4*

8 Completa con el pronombre relativo y con el verbo en la forma correcta. Presta atención porque algunos pronombres llevan preposición.

Vas a una agencia de trabajo temporal para encontrar trabajo. Buscas un trabajo _con el que_ (recorrer) _recorras_ España y _que_ (tener) _tenga_ buen sueldo; _en el que_ (empezar) _empieces_ a trabajar temprano y _donde_ (no terminar) _termines_ muy tarde. Quieres una empresa _que_ (estar) _esté_ bien organizada y _donde_ los compañeros (ser) _sean_ agradables; pero te ofrecen un empleo _que tas_ (odiar), _odias_ el sueldo (ser) _es_ pequeño y _donde_ trabajarías para una empresa _por la que_ (no tener) _tiene_ ningún futuro. Te marchas de la agencia muy enfadado.

¿Estás de acuerdo con las ideas del texto sobre lo que es un empleo interesante?

Haz tu valoración personal utilizando las expresiones:

✓ _Es bueno._   ✓ _Es necesario._   ✓ _Es muy importante._

9 Completa.

1. Tengo un ordenador que (funcionar) _funciona_ muy bien.

2. Contrataré a la primera persona que (venir) _venga_ para ese trabajo.

3. Quiero un apartamento que (tener) _tenga_ mucha luz.

4. Necesitas un coche que (ser) _sea_ rápido.

5. Búscame una secretaria que (saber) _sepa_ francés.

6. Soy la persona que (buscar) _buscas_ para tu empresa.

7. Me interesan los libros que (estar) _estén_ bien redactados.

10 Descubre el consejo oculto siguiendo el movimiento del caballo en el ajedrez.

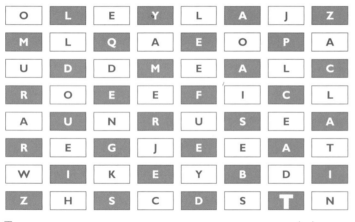

O	L	E	Y	L	A	J	Z
M	L	Q	A	E	O	P	A
U	D	D	M	E	A	L	C
R	O	E	E	F	I	C	L
A	U	N	R	U	S	E	A
R	E	G	J	E	E	A	T
W	I	K	E	Y	B	D	I
Z	H	S	C	D	S	T	N

Te re_ _ _ _ _ _ _ _ _ _   _ _ _   _ _ _ _ _ _ _   _ _ ajedrez.

11 Redacta una oferta y una solicitud de trabajo. Elige una de estas profesiones.

Ofertas:
▶ fontanero
▶ profesor
▶ carpintero

Solicitudes:
▶ comercial
▶ intérprete
▶ jardinero

No olvides incluir en los anuncios de ofrecimientos un breve perfil del candidato.

Para los anuncios de solicitudes te puede ser útil este esquema:

> ✓ Tipo de trabajo.
> ✓ Lugar.
> ✓ Requisitos: formación, edad, experiencia, talante e idiomas.
> ✓ Proceso de selección.
> ✓ Tipo de relación laboral: contrato temporal o fijo.
> ✓ Otros datos.

12 **Lee el siguiente texto y contesta las preguntas.**

LA OPOSITORA

Lourdes Martínez, 26 años.

Lourdes tiene 26 años. Es extravertida y amable y su optimismo es casi adolescente. Es sorprendente verla encerrada en su apartamento estudiando diez horas al día.

"Dejé León hace tres años, después de terminar la carrera de Derecho." Quería ganar la oposición al cuerpo de registradores de la propiedad y necesitaba un lugar donde no sufriera ninguna interferencia. Lo mismo le dijo a su novio. Si continuaba en León, la oposición estaba perdida. Por eso vive sola en Madrid desde hace tres años.

En febrero suspendió en su primer intento. Se presentaron 1.164 opositores para 43 plazas. Lourdes seguirá. El promedio es de cuatro a seis años de estudios, aunque la mayoría abandona. Ella continuará. "Lo lograré aunque tenga que esperar tres o cuatro años más. Pero lo conseguiré. Soy cabezota."

1. ¿Por qué Lourdes dejó León?

2. ¿Qué tipo de lugar necesitaba para estudiar?

3. ¿Dónde vive actualmente?

4. ¿Es una oposición en la que hay que estudiar mucho o poco? ¿Aproximadamente cuánto tiempo?

13 **Cambia las palabras en cursiva por su abreviatura correspondiente.**

1. Trabaja en el *departamento* de contabilidad.

2. Vivo en la escalera *derecha*.

3. La *editorial* Plus necesita gente con conocimientos de informática.

4. *Doña* María González Ruiz, que vive en la *calle* Atienza, *número* 5, *Código Postal* 28805.

5. Tengo una entrevista con el *director* del *Banco* Boro.

6. Voy a ingresar veinte mil *pesetas* (120,20 €) en mi *cuenta corriente*.

7. La *doctora* Sanlúcar no podrá pasar hoy consulta.

¿Habrá alguien en casa?

9

ámbito 1 Será la casa ideal

▶ Expresar y descartar hipótesis
▶ Hablar de deseos o de esperanzas
▶ Expresar sentimientos

ámbito 2 Me extraña que haya llegado tan pronto

▶ Expresar probabilidad
▶ Expresar extrañeza, sorpresa, satisfacción, alegría, insatisfacción y contrariedad
▶ Expresar circunstancias

1 Coloca los siguientes muebles en su lugar correspondiente. Alguno puede estar en más de un sitio.

- vitrocerámica
- sofá
- mesilla
- espejo
- inodoro
- chimenea
- litera
- nevera
- horno
- bidé

- escurreplatos
- mesa auxiliar
- aparador
- cómoda
- galán
- campana
- sillón
- butacón
- toallero

cocina	salón	dormitorio	cuarto de baño

2 ¿Dónde están? Forma oraciones en las que se indique en qué parte de la casa está cada objeto.

- pasamanos: _____
- rellano: _____
- percha: _____
- butaca: _____
- altillo: _____
- tejas: _____
- terraza: _____
- patio: _____

3 Completa con el indefinido necesario.

1. No tengo ......nada...... que añadir.
2. He comprado ...algunas... cosas en la pescadería y se me ha estropeado ...algo........
3. Sal los fines de semana con ...alguien..... No puedes estar siempre en casa.
4. La saludamos, pero ella no nos dijo ...nada.......
5. En el buzón no hay ...ninguna. carta.
6. No teníamos ...nada....... que decir, por eso nos callamos.
7. ¿Ha venido ...algún..... estudiante?
8. No quería cenar ......nada....
9. ...algunas... personas no respetan las normas de conducta.
10. No he visto a ...ninguno. de tus gatos por el jardín.
11. He visto ...alguna..... película en versión original.
12. No tengo ...ninguna... gana de probarme ese jersey.
13. ¿Necesita ...alguna..... cosa?
14. ¿Me dejas ...algo........ de dinero?
15. No me queda ...ningún..... ejercicio por hacer.

4 **Escribe las preguntas para las siguientes respuestas.**

1. ¿ _Tienes algo de dinero_ ? No, no tengo nada de dinero.
2. ¿ _Has visto alguna película de Almodóvar_ ? Sí, he visto alguna película de Almodóvar.
3. ¿ _Hace algo_ ? No, no hace absolutamente nada.
4. ¿ _Has comprado algún disco_ ? No, no he comprado ningún disco.
5. ¿ _Hay algún libro en la mesa_ ? Sí, hay algún libro en la mesa.
6. ¿ _Quieres algo_ ? No, no quiero nada.
7. ¿ _Tienes algo en el congelador_ ? No, no tengo nada en el congelador.
8. ¿ _Hay alguien en el servicio_ ? No, no hay nadie en el servicio.
9. ¿ _Has visto a alguien importante_ ? Sí, he visto a alguien importante.
10. ¿ _Ha dicho algo el acusado_ ? No, el acusado no ha dicho nada.

5 **Responde a las siguientes frases formulando una hipótesis.**

Ej.: *¿Por qué no han venido los niños hoy a clase?* (estar enfermos).

Puede que estén enfermos.

1. ¿Dónde están los compañeros que faltan? *(Llegar pronto)*
   Puede que lleguen pronto
2. Ayer vi a Elena y tenía muy mala cara. *(Estar preocupada)*
   Estaría preocupada
3. Me encuentro mal. *(Tener gripe)*
   Tal vez tenga gripe
4. He estudiado muy poco. *(Suspender el examen)*
   A lo mejor suspendo el examen
5. ¿Dónde fue ayer tu profesora después de clase? *(Ir al cine)*
   Iría al cine
6. El otro día vi a Carmen corriendo por la calle. *(Tener prisa)*
   A lo mejor tenía prisa
7. El cielo está nublado. *(Ir a llover)*
   Quizás vaya a llover
8. Me duele el estómago. *(Comer demasiado)*
   A lo mejor he comido demasiado
9. El niño no puede dormir. *(Estar nervioso)*
   Puede que esté nervioso
10. José Manuel no me llama. *(Estar enfadado)*
    Estaría enfadado
11. Había un grupo de gente protestando en la calle. *(Pasar algo)*
    Pasaría algo
12. Hace un rato vi a Jaime gritando a su hermano. *(Estar discutiendo)*
    Estarían discutiendo
13. El aeropuerto está colapsado. *(Haber niebla)*
    Puede que haya niebla
14. Carmen estaba muy feliz después de ver las notas. *(Aprobar el examen)*
    Tal vez ha aprobado el examen
15. Jorge se ha comprado un piso y un coche. *(Tocar la lotería)*
    Quizás le ha tocado la lotería

6 Completa.

I. Quizás (ir, ellos) ...*vayan*... de vacaciones a Perú.

2. Tal vez (comprarse, él) ...*se compre*... un todoterreno.

3. Puede que (estar, ellas) ...*estén*... esperándote.

4. A lo mejor el Gobierno (tomar) ...*toma*... medidas contra el tráfico de drogas.

5. Estábamos pasándonoslo genial y de repente se fue. Quizás (enfadarse, él) ...*se enfadará*...con alguien.

6. A lo mejor (ir, nosotros) ...*vamos*... de compras esta tarde.

7. Puede que no (estar, ellos) ...*estuviera*... en casa cuando llamasteis.

8. En la fiesta (haber) ...*habría*... más o menos 120 personas.

9. Puede que (tener, él) ...*tenga*... razón, pero debía haberse callado.

10. Cuando fuimos a su casa no había nadie, pensamos que (salir, él) ...*habría salido*...

II. Puede que os (invitar, vosotros) ...*inviten*... a cenar.

12. (Llegar, él) ...*llegaría*... tarde, pero se ha comido todo.

13. Quizás (tener, nosotros) ...*tengamos*... que repetir el examen.

14. Te (llamar, yo) ...*habría llamado*... pero no estabas en casa.

15. Puede que (volver, yo) ...*vuelva*... a España el próximo año.

7 ¿Qué tipo de casa se vende en estos anuncios?

1 Barrio Venecia, 105 m², 3 dormitorios, baño completo reformado, cocina amueblada, salón, suelos de gres, ventanas de aluminio, terraza, armario empotrado. 14.500.000 pts. (87.146,76 €).

2 Último piso, 3 dormitorios, cocina amueblada, 2 cuartos de baño, salón independiente, parqué, ascensor, plaza de garaje. 12.000.000 pts. (72.121,45 €).

3 1 pieza, baño-aseo, cocina americana, ventanas doble aluminio. 7.000.000 pts. (42.170,85 €).

4 300 m², 150 m² construidos en dos plantas, árboles frutales, piscina. Primera planta, salón independiente, aseo; segunda planta, cuarto de baño completo, 3 dormitorios, buhardilla cerrada.

8 Completa las siguientes frases con infinitivo o subjuntivo según sea necesario. Utiliza la conjunción *que* cuando sea preciso.

I. Le encanta (escuchar, él) ...*escuchar*... música.

2. Odio (venir, ellos) *que vengan* a molestarme tan tarde.

3. Me gusta (viajar, yo) ...*viajar*... por España.

4. A mi hermano le encanta (limpiar, él) ...*limpiar*... el coche los domingos.

5. A nosotros nos gusta (salir, ellos) *que salgan* con esos chicos.

6. Cuando era pequeña a mi profesor no le gustaba (hablar, yo) *que hablara* en clase.

7. A mucha gente le encanta (conducir) ...*conducir*... por la gran ciudad.

8. Le gustaba (contar, vosotros) *que contarais* sus problemas a todo el mundo.

9. A ellos les gusta (comprar) ...*comprar*... en grandes almacenes.

10. ¿Te encanta (comer, tú) ...*comer*... en un restaurante?

II. Me fastidia (no luchar, él) *que no luche* contra su enfermedad.

12. Me encanta (hablar, ellos) *que hablen* español en clase.

13. Mi padre odiaba (llegar, nosotros) *que lleguemos* tarde a la hora de comer.

14. Me encanta (tener, las casas) *que las casas tengan* mucha luz.

15. Me fastidia (perder, yo) ...*perder*... el autobús por unos segundos.

9 En la redacción de *Divino Tesoro,* periódico de información general, hay un grave problema informático: a Pedro Chapuza se le ha mezclado la información que manejaba sobre los gustos de los jóvenes de los años 80 y los gustos de los jóvenes actuales. ¿Podrías ayudarle a construir correctamente las frases?

Nos gustaba a veces	beber hasta perder el control.
Nos gusta que	la ropa sea de marca.
A algunos no les gusta la gente que	nuestros padres nos pidieran explicaciones.
Nos encantaba que	se nos considere "piojos" sociales.
Nos fastidia que	hacer fiestas en casa.
Nos fastidiaba que	necesita drogas para poder vivir.
Nos encanta que	las mujeres fueran liberales de palabra y de hecho.
A algunos jóvenes les encantaba	nuestros padres nos controlaran la hora de llegada a casa.
A algunos jóvenes nos fastidia que	nuestros padres tengan que darnos dinero.
Odiábamos que	nuestros amigos sean sinceros.

10 Clasifica las frases del ejercicio anterior y después compáralas con tu país.

jóvenes años 80	jóvenes actuales	mi país

11 Completa las frases con infinitivo o subjuntivo. Utiliza *que* cuando sea necesario.

I. Ojalá *(venir, tú)* .... a visitarnos pronto.

2. Quería *(ir, yo)* que fuera con él al cine.

3. Esperaba que me *(llamar, tú)* llamaras para avisarme de tu viaje.

4. Ojalá todo *(salir)* salga bien.

5. Quiere *(visitar, nosotros)* que visitemos su casa.

6. Esperaba *(regresar, yo)* regresar antes del martes a mi casa.

7. Espero *(regresar, ustedes)* que regresen antes del martes a casa.

8. ¡Ojalá *(poder, él)* pueda descansar antes de hacer el examen!

9. Espero *(tener, nosotros)* que tengamos suerte la próxima vez.

10. Quiero *(salir, vosotros)* que salgáis inmediatamente de mi casa.

11. Espero *(traer, vosotros)* que traigáis el equipo de esquí.

12. Espero *(regalar, ellos)* que regalen unos grabados bonitos.

13. Ojalá *(terminar, él)* termine pronto de trabajar.

14. Quiero *(ver, yo)* ver tranquilamente la película.

15. Espero *(cenar, ellos)* que cenen antes de venir a buscarnos.

12 **Coloca en el dibujo el nombre de los siguientes objetos.**

13 **Construye frases.**

▶ Me gusta _____

▶ Me gusta que _____

▶ Me gustaría _____

▶ Nos gustaría que _____

▶ No me gusta _____

▶ No me gustaría _____

▶ No me gusta que _____

▶ A mis amigos les gustaría _____

14 **Expresa un deseo para cada una de estas situaciones.**

Ej.: *Tu mejor amigo lleva tres meses deprimido. Está muy triste porque no tiene trabajo.*
Me gustaría que encontrase trabajo en una buena empresa. Sería fantástico. Una vez que empezara
a trabajar volvería a ser el mismo: alegre, dicharachero, seguro de sí mismo.

1. Tu hermana está esperando su tercer hijo. Tiene dos niños.

_____

2. Dentro de unos días es tu cumpleaños. Tú quieres un equipo de música.

_____

3. Todos los días llegas tarde al trabajo. El autobús nunca llega a tiempo.

_____

4. Llevas dos semanas en el hospital. El médico te va a dar los resultados hoy.

_____

1 **Completa las siguientes frases.**

1. Siento que _____

2. Me extraña que _____

3. ¡Qué raro que _____

4. ¡Qué bien que _____

5. Me alegro de que _____

6. Lamento que _____

7. Sentimos que _____

8. Se alegra de que _____

9. ¡Qué raro que _____

10. Nos extraña que _____

2 **Relaciona.**

Me he caído en el parque.	¡Qué bien que te haya tocado la lotería!
He decidido sacarme el carné de conducir.	Siento que hayáis tenido que esperar tanto.
Llevo tres cuartos de hora esperándote.	Lamento que te hayas caído.
Son las diez y Juan no está en su casa.	Me alegro de que te hayan dado la beca.
Iban a 120 km/h por la carretera y han tenido un accidente.	Siento que me hayas tenido que esperar.
Me han tocado "los ciegos".	Me alegro de que lo hayas decidido.
Hemos pasado un verano estupendo.	¡Qué bien que hayáis decidido casaros!
Hemos perdido el autobús y hemos estado 20 minutos en la parada.	Sentimos que hayan tenido un accidente.
Me han dado una beca de colaboración.	Me extraña que no haya llegado todavía.
Me caso en septiembre.	¡Qué bien que hayáis tenido un buen verano!

3 **Utiliza el infinitivo o el subjuntivo según sea necesario.**

1. Les escribo para que me (mandar, ustedes) manden información.

2. Quedamos para (tomar, nosotros) tomar un café.

3. Fuimos al aeropuerto para (recoger, nosotros) recoger a unos parientes.

4. No te hemos llamado para no (molestar, nosotros) molestar.

5. He hablado con el médico para (saber, yo) saber los resultados del análisis.

6. Lo he llamado para que me (dar, él) dé una explicación.

7. Tienes que ir a la tienda para (comprar, tú) compres los muebles del salón.

8. Abre el portal para que no (llamar, ellos) llamen al portero

9. Se han ido a Cuba para (visitar, ellos) visitar a unos parientes.

10. Llamaré al Ministerio para que me (informar, ellos) informen de los plazos.

11. Me voy a comprar una casa en el barrio para (vivir, yo) vivir cerca de mis padres.

12. Han venido para (saludar, ellos) saludar a mi padre.

13. Los prismáticos sirven para (ver) ver de lejos.

14. Nos han llamado para que (ir, nosotros) vayamos en su lugar

4 **¿Para qué sirven los siguientes objetos?**

1. linterna: _____

2. ordenador: _____

3. ratón: _____

4. revistero: _____

5. equipo de música: _____

5 **Completa con la forma verbal adecuada.**

1. Como no .... su número de teléfono, no pude llamarlo.

a) supiera

b) sepa

c) sé

2. Lo hicimos porque .... todos.

a) quise

b) quisimos

c) quisiéramos

3. Estas cosas pasan por .... en las nubes.

a) estar

b) estén

c) está

4. Como .... en la cocina, tráeme una cerveza.

a) está

b) esté

c) estás

5. No fui a visitarte porque .... mucho trabajo.

a) tenga

b) tengo

c) tenía

6. Como no ...., me fui a casa.

a) venías

b) vengas

c) vinieras

7. Estas cosas te pasan por .... en los demás.

a) pensases

b) piensa

c) pensar

8. Como no .... nada de su estado de salud, preguntamos al médico.

a) sabe

b) sabíamos

c) sepa

9. Javier es el chico que más sabe. Es que .... mucho.

a) estudia

b) estudiara

c) estudió

10. No pude entregar el trabajo a tiempo; es que .... enfermo.

a) estaba

b) esté

c) haya estado

6 **Completa.**

1. Me he comprado un piso en la playa, así que _____

2. No recordaba dónde había aparcado el coche, por eso _____

3. Me robaron el pasaporte, entonces _____

4. No me gusta la carne, por eso _____

5. Necesito estudiar más, así que _____

7 **Completa.**

1. Si *(tener, nosotros)* ...tenemos... tiempo, iremos a Quito el próximo año.

2. Cuando *(hablar, él)* ...habla....., se calla todo el mundo.

3. Si *(venir, tú)* ...vienes...., llámame antes para preparar la cena.

4. Cuando *(aprobar, ella)* ...aprueba..., le daremos el regalo.

5. Si nos *(dar, ellos)* ...dan....... el préstamo, nos compraremos el apartamento en la playa.

6. Si *(venir, él)* ...viene...... es porque necesita algo de nosotros.

7. Si nos *(llamar, ellos)* ...llaman... será porque vienen.

8. Cuando *(retrasarse, él)* ...se retrasa...., nos llama.

9. Si *(regresar, él)* ...regresa... pronto, hace la cena.

10. Cuando *(tener, yo)* ...tengo..... tiempo, paso a saludar a mis padres.

11. Si *(comprar, ustedes)* ...compraron la casa, será porque les gustó.

12. Si *(visitar, vosotros)* ...visitabais a vuestros abuelos, era por la propina.

13. Cuando *(salir, tú)* ...sales....... tan pronto, coges el autobús a tiempo.

14. Si *(ver, ella)* ...ves......... a Elena, dile que me traiga los informes.

15. Si *(hablar, tú)* ...hablas... con los chicos, dales la enhorabuena.

8 **Escribe qué cosas deberían suceder para que...**

✓ te enfadaras con tus amigos.

_____

✓ tus padres te dieran un regalo.

_____

✓ tu hermano te dejara ropa.

_____

✓ tu profesora te pusiera buenas notas.

_____

9 **Relaciona cada frase con la condición que le corresponda.**

▶ Si estudias mucho, aprobarás sin problema.   ☞ Condición en el futuro

▶ Si vas a llegar tarde, avísame.

▶ Si discutieron, fue por tu culpa.   ☞ Condición en el pasado

▶ Si voy a Barcelona, te compraré butifarra.

▶ Si apruebo, te invito.   ☞ Condición para una orden

▶ Si hablas con Elena, dale muchos besos.

▶ Si tuvo algún problema, ya lo ha solucionado.

▶ Si sale el sol, me baño.   ☞ Condición para que se cumpla una acción atemporal

10 **Completa las siguientes frases con el tiempo y el modo necesarios.**

1. Aunque *(tener, él)* …*tiene*… mucho dinero, es muy tacaño.

2. Aunque no *(estar, nosotros)* …*estamos*… contentos con él, votamos su candidatura.

3. No nos apetecía ir, pero *(ir, nosotros)* …*fuimos*…

4. Aunque *(conocerse, nosotros)* nos *conocemos* … de vista, nunca hemos hablado.

5. Aunque *(comprar, yo)* …*compro*… el coche, no se lo dejaré.

6. Aunque me *(tocar, yo)* …*toque*… la lotería, no te daré ni un duro.

7. Aunque *(hacer)* …*haga*… mal tiempo, iremos de vacaciones.

8. No quería quedar en mi casa, sino que *(preferir, ella)* …*prefería*… quedar en el bar.

9. No se lo esperaba, sin embargo *(suspender, él)* …*suspendió*…

10. No nos hablaba, sin embargo *(venir, él)* …*vino*… a nuestra fiesta.

11. Aunque *(salir, yo)* …*salga*… con él, no me casaré.

12. Se comió la sopa, sin embargo *(dejar, él)* …*dijó*… el postre.

13. Habla muy bien español pero *(notarse, a él)* …*se le nota*… que no es español.

14. No le hicimos caso, sin embargo *(tener, él)* …*tenía*… razón.

15. No me compraré ese pantalón, aunque me *(sentar, él)* …*siente*… estupendamente.

11 **Forma frases utilizando *pero, sin embargo* y *aunque*.**

▶ *(Tener)* muchos amigos.
▶ *(Estar)* solo.

1

2

▶ *(Dar miedo)* montar en avión.
▶ *(Montar)* en avión.

3

▶ *(Tener)* mucho dinero.
▶ *(Vestir)* de pordiosero.

4

▶ *(Lavar)* el jersey.
▶ *(Quitarse)* la mancha.

5

▶ *(Encantar)* la comida.
▶ *(No comer)* todo.

12 Esto es lo que opina Torcuato sobre los toros y el fútbol. Completa el siguiente texto con las formas verbales necesarias.

No me *(gustar)* ...gusta... el fútbol y no creo que *(ser)* ...sea... un deporte divertido: sólo sirve para que la gente *(gritar)* ...grite... y *(enfadarse)* ...se enfade... Hay muchas personas que *(pensar)* ...piensan... igual que yo, por eso no es verdad que *(ser)* ...sea... el deporte nacional. Muchos amigos me han aconsejado que *(asistir)* ...asista... a un encuentro, pero yo no quiero. Nunca *(ir)* ...iré... a un estadio para *(ver)* ...ver... un partido: no quiero *(gastar)* ...gastar... el dinero en esas cosas, y aunque me *(invitar)* ...inviten... no *(ir)* ...iré... Además, me parece que *(generar)* ...genera... demasiada violencia: cuando *(convertirse)* ...se convierta... en un verdadero deporte, cambiaré de opinión. Tampoco me *(gustar)* ...gustan... los toros (bueno, las corridas de toros), ni que los niños *(ver)* ...vean... cómo matan a los animales: es un espectáculo cruel. Es imposible que *(prohibir)* ...prohíban... esta fiesta, pero espero que *(tener)* ...tenga... cada vez menos seguidores. Por otra parte, pienso que no *(deber)* ...deben... echar esto por televisión porque casi nos *(obligar)* ...obligan... a que todos lo *(ver)* ...veamos... Yo sólo pido que me *(dejar)* ...dejen... elegir libremente. Mucha gente *(pensar)* ...piensa... que los toros *(formar)* ...forman... parte del carácter del pueblo español, pero no *(ser)* ...es... verdad: afortunadamente, hay muchos españoles que *(tener)* ...tienen... otros sentimientos. Yo sé que nunca *(ir)* ...iré... a una corrida de toros.

13 Escribe una carta comercial al señor Pérez, gerente de la librería Galaxia, dándole las gracias por el envío del catálogo que le solicitaste.

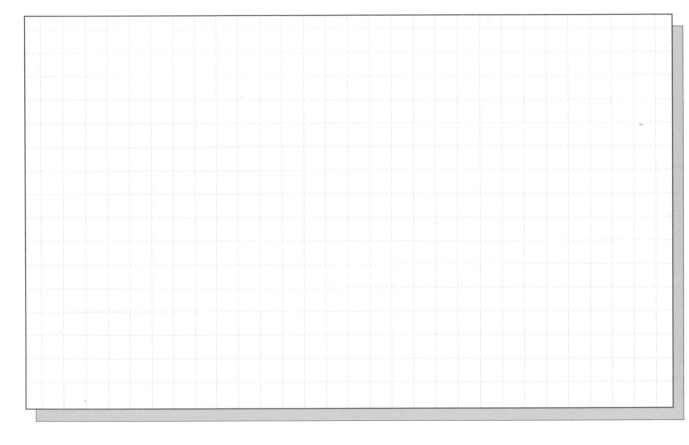

Tenemos nuevas noticias

10

á m b i t o 1 Al teléfono

▶ Emplear recursos para transmitir las palabras de otros
▶ Transmitir recados

á m b i t o 2 Dicen que...

▶ Contar noticias y reaccionar ante ellas
▶ Resumir y destacar las ideas principales de un relato

1 Transforma las siguientes frases en estilo indirecto.

1. "Me siento feliz con mi nueva casa." Juan dice a su jefa que…

2. "Préstame el coche." Amelia recuerda a su padre que…

3. "No he podido encontraros la dirección electrónica de Antonio." Juan nos confirma que…

4. "Haga diez abdominales antes de acostarse." El médico me ha recomendado que…

5. "Posiblemente haya un servicio urgente para enviar estos documentos cerca de aquí." Pili nos ha llamado por teléfono y nos ha comentado que…

6. "Déjennos un papel para escribir nuestro número de teléfono." Los policías nos piden que…

7. "Quizás llueva." El presentador de televisión ha anunciado que…

8. "En verano viajaré a Alemania para ver a mis hermanos." Elena afirma que…

9. "No bebáis mucho." La profesora os recomienda que…

10. "Estaremos en la cafetería de la esquina." Alberto y Juan aseguran que…

11. "Probablemente suspendieran el vuelo de Tokio." Isabel dice que…

12. "Si tienes problemas, cuéntamelos siempre." Mi madre me repite que…

13. "En este país la comida es demasiado picante." Ahora Antonio está en México y en su fax me informa de que…

14. "Intenten dormirse cuando suban al avión y de esta manera el viaje les parecerá menos largo." La azafata os aconseja que…

15. "Salgan rápido del edificio." Los bomberos nos piden que…

2 Además de dejar recados por teléfono, ¿conoces otros medios para hacer llegar una invitación, una felicitación, un aviso, etc., a otras personas? Relaciona las palabras de la izquierda con la definición que le corresponda.

✓ mensajeros ▶ Sistema de comunicación que permite enviar información escrita a través del teléfono.

✓ correo urgente ▶ Envío de cartas con la garantía de que no se pierden.

✓ correo electrónico ▶ Envío de cartas con gran rapidez.

✓ fax ▶ Envío de cartas sin trato preferente.

✓ correo certificado ▶ Sistema de comunicación que permite enviar información a través del ordenador.

✓ correo normal ▶ Envío privado de máxima confianza y rapidez.

3 Pon en estilo indirecto los siguientes "trucos" de esta revista.

1 **Mareos:** Si tu coche no tiene aire acondicionado y en verano te resulta molesto viajar por las elevadas temperaturas, pon en el interior del coche una rama de laurel. De esta forma conseguirás que el ambiente esté perfumado y que tu viaje sea muy agradable.

La revista nos dice que _____

_____

2 **Plantas:** Para que tus plantas estén sanas y bonitas, machaca la cáscara de un huevo y échala después sobre la tierra de la maceta. Repite esta operación al menos dos veces al mes. Conseguirás que tus plantas estén verdes y que echen muchas flores.

La revista os aconseja que _____

_____

3 **Zumos:** Si quieres que las naranjas y los limones te den mucho zumo, ponlos en el microondas un par de segundos antes de exprimirlos. Obtendrás una gran cantidad de zumo.

La revista me cuenta que _____

_____

4 **Flores:** Si deseas conservar los ramos de flores durante mucho tiempo, llena el jarrón con dos litros de agua y añade dos cucharadas de vinagre y dos cucharadas de azúcar. Verás que los ramos durarán varias semanas.

La revista les aconseja que _____

_____

4 Transforma en estilo indirecto estas oraciones.

1. "Conmigo todos vuestros problemas serán agua pasada." Antes de empezar la campaña electoral, el futuro presidente ha exclamado que _con él todos nuestros problemas_ _serán agua pasada_

2. "En mis tiempos los jóvenes éramos más responsables que los jóvenes de ahora." Mi abuelo todos los días me repite que _en sus tiempos los jóvenes eran más responsable que los jóvenes de ahora._

3. "He abandonado mi trabajo." Nuestro jefe nos ha informado por megafonía de que _ha_ _abandonado su trabajo_

4. "Soy inocente." El acusado ha manifestado en televisión que _es inocente_

5. "No tenemos ninguna pista sobre el asesino." Los policías declaran que _no tienen ninguna_ _pista sobre el asesino_

6. "No me gusta hablar de mi vida privada." Vicente García confiesa que _no le gusta_ _hablar de su vida privada_

7. "Viviremos en España." Raquel y Juan responden que _vivirán en España_

8. "Estoy enamorado de ti desde el primer día en que te vi." Enrique susurra al oído a Elena que _Está enamorado de ella desde el primer día en que la vio_

9. "Eres un pesado y dices la misma frase a todas las chicas de la facultad." Elena contesta a Enrique que _es un pesado y dice la misma frase a todas las chicas de la facultad_

10. "Aquí nunca hace frío." Este invierno he visitado a mis padres en Valladolid y me han dicho que _allí nunca hace frío_

11. "Mis hijos han perdido las llaves del coche." Ana afirma que _su hijos han perdido las..._

12. "Necesito ayuda para terminar el ejercicio de matemáticas." Juan grita que _necesita_ _ayuda para terminar el ejercicio de matemáticos_

13. "Nos casaremos el 24 de agosto." Patricia y Javier anuncian que _se casarán el 24 de agosto_

14. "Quizás busque trabajo en una gran ciudad." Pedro ha confesado que _quizás busque_ _trabajo en una gran ciudad_

15. "Probablemente haya llegado una carta para mí." Mi padre cree que _probablemente_ _haya llegado una carta para él_

5 Encuentra en la sopa de letras 5 sustantivos derivados de algunos de los verbos que introducen el estilo indirecto en el ejercicio anterior. ¿Qué tienen todos estos sustantivos en común?

A	D	I	S	A	R	U	M	C	I	N	A	S
R	E	X	O	C	M	A	E	C	I	O	R	E
A	C	O	N	T	E	S	T	A	C	I	O	N
S	L	N	O	I	C	A	M	A	L	C	X	E
T	A	R	A	J	U	I	B	J	R	A	S	U
I	R	S	I	C	P	D	O	C	A	M	U	G
E	A	T	V	I	A	S	U	N	U	R	L	A
U	C	I	O	N	E	F	A	I	C	O	N	U
L	I	M	O	N	I	X	C	X	U	F	I	S
N	O	I	C	A	T	S	E	F	I	N	A	M
A	N	A	N	T	R	E	A	N	O	I	C	A

6 Ana habla con Loli sobre una carta que ha recibido de su amiga María en la que le anuncia que se ha casado con Julio. Redacta la carta que María escribe a su amiga Ana.

Ana: Oye, Loli. He recibido una carta de María y me envía buenas noticias.

Loli: ¡Cuéntame!

Ana: María se ha casado. Ella está trabajando en Bilbao y allí ha conocido a un chico estupendo. Es camarero, se llama Julio y se conocieron a principios de marzo. Desde entonces viven juntos, y después de tres meses, se han casado. María está muy feliz.

Loli: ¿Y dónde han ido de luna de miel?

Ana: Han estado en Grecia durante quince días y dice que en ese país han visitado lugares preciosos.

Loli: ¿Y cuándo conoceremos a Julio?

Ana: María cree que vendrán a Palencia en agosto. Tiene muchas ganas de que todos conozcamos a su marido.

Loli: Llámame cuando vengan. Me gustaría felicitarlos.

7 Redacta las preguntas en estilo indirecto.

1. ¿Has nacido en invierno o en verano? Me preguntan _si he nacido en invierno o en verano_

2. ¿Te gustan los espaguetis? Me preguntan _si me gustan los espaguetis_

3. ¿Cómo prefieres el café, solo o con leche? Me preguntan _cómo prefiero el café..._

4. ¿Dónde sueles ir de vacaciones? Me preguntan _dónde suelo ir de vacaciones_

5. ¿Qué deporte practicas? Me preguntan _qué deporte practico_

6. ¿Traerás a tus amigos a nuestra fiesta? Me preguntan _si llevaré a mis amigos a su fiesta_

7. ¿Nos enviarás una postal desde tu país? Me preguntan _si les enviaré una postal desde mi país_

8. ¿Conoces bien esta ciudad? Me preguntan _si conozco bien esa ciudad_

9. ¿Qué libro estás leyendo? Me preguntan _qué libro está leyendo_

10. ¿Te gusta madrugar? Me preguntan _si me gusta madrugar_

11. ¿Dónde compras la ropa? Me preguntan _dónde compro la ropa_

12. ¿Quién es tu deportista favorito? Me preguntan _quién es mi deportista favorito_

13. ¿Qué haces los fines de semana? Me preguntan _qué hago los fines de semana_

14. ¿Es importante para ti la familia? Me preguntan _si es importante para mí la familia_

15. ¿Cuándo nos invitarás a tu casa? Me preguntan _cuándo los invitaré a mi casa_

8 Escribe la pregunta.

1.

– Mensajero: "¿ _Por qué la dirección de este paquete está incompleta_ ?".

– El mensajero quiere saber por qué la dirección de ese paquete está incompleta.

2.

– Miguel: "¿ _Quieres viajar conmigo a S..._ ?".

– Miguel me ha preguntado si yo quiero viajar con él a Santiago de Chile.

3.

– Juan: "¿ _Dónde están los discos que compré_ ?".

– Juan quiere saber dónde están los discos que compró la semana pasada.

4.

– Elisa: "¿ _Cuándo pensáis invitarme a cenar_ ?".

– Elisa nos pregunta cuándo pensamos invitarla a cenar.

5.

– José: "¿ _Cómo preparo el cocido_ ?".

– José me pregunta cómo preparo el cocido. Quiere sorprender a su novia.

6.

– Ana: "¿ _Qué estás comiendo_ ?".

– Ana quiere saber qué estoy comiendo.

7.

– Vicente: "¿ _Quién era el chico que estaba conmigo..._ ?".

– Vicente es un caradura. Me llama para preguntarme quién era el chico que estaba conmigo ayer en el parque de atracciones.

8.

– Compañeras del trabajo: "¿ _Qué regalo queréis para vuestra_ ?".

– Mis compañeras del trabajo me han preguntado varias veces qué regalo queremos para nuestra boda.

9.

– Diego: "¿ _Vendrás a mi fiesta_ ?".

– Diego desea saber si iré a su fiesta.

10.

– Juan: "¿ _Cómo te llamas_ ?".

– Juan me pregunta cómo me llamo.

9 Transforma en estilo indirecto el siguiente texto.

Un muchacho entra corriendo en la casa y muy asustado grita:
–¡El alguacil se dirige a esta casa, aunque viene solo y sin guardias!
–No os pongáis nerviosos –dice Monipodio–. Este alguacil es amigo mío y no nos dará ningún problema. Yo saldré a buscarlo e intentaré hablar con él.

En ese momento todos se tranquilizaron y Monipodio salió de la casa. Cuando se encontró con el alguacil charló con él durante un rato. A continuación volvió a entrar en la casa y preguntó:
–¿Quién ha estado trabajando en la plaza de San Salvador?
–Yo, señor –contesta Ganchuelo–. Yo he estado en la plaza.
A lo que Monipodio añade:
–Y entonces, ¿por qué no me habéis hablado de una bolsa amarilla que esta mañana ha desaparecido en la plaza con algunas monedas dentro?
–Es verdad que se ha perdido una bolsa –contesta Ganchuelo–, pero yo no la he robado y tampoco sé quién lo ha hecho.
Monipodio, encolerizado, grita:
–¡No me engañéis! ¡La bolsa debe aparecer rápidamente porque lo pide el alguacil, que es un gran amigo y siempre nos ayuda!

Ganchuelo repite sin cesar que él no sabe nada de la bolsa; sin embargo, Monipodio, que está cada vez más enfadado, vuelve a gritar:
–¡Nadie se burlará de mí! ¡Quiero que la bolsa aparezca ahora mismo!
Rinconete, que está presenciando tan alborotada escena, pide consejo a su amigo Cortadillo. Después de unos minutos, saca la bolsa de su ropa y dice:
–No discutáis más. Ésta es la bolsa que mi amigo Cortadillo ha robado en la plaza. También os entrego el pañuelo que ha tomado prestado del mismo dueño.
Después de esta declaración, Monipodio se tranquiliza y añade sonriendo:
–A partir de este momento llamaremos a Cortadillo _el Bueno_. También quiero deciros que Cortadillo puede quedarse con el pañuelo y el alguacil con la bolsa, porque ésta pertenece a un conocido suyo. Y os recuerdo que no debéis olvidar que a los guardias hay que complacerlos siempre y hacerles muchos favores.

Miguel de Cervantes, *Rinconete y Cortadillo*
(texto adaptado).

Un muchacho entra corriendo en la casa y muy asustado grita que…
Monipodio dice que…
Monipodio pregunta…
Ganchuelo contesta que…
Monipodio vuelve a preguntar…

Ganchuelo contesta que…
Monipodio grita que…
Monipodio vuelve a gritar que…
Rinconete dice que…
Monipodio añade sonriendo que…

10 Reproduce en estilo indirecto los consejos que han recibido las siguientes personas en la consulta del psicólogo.

1. Problema:

Tengo un hijo de tres años y me siento incapaz de educarlo. Hace unos meses su padre y yo nos separamos y yo sola no sé cómo educar a mi hijo. No sé qué hacer. Me siento culpable por haberme separado, pues posiblemente estaría mejor si su padre y yo estuviéramos juntos. ¿Qué cree que puedo hacer?

Consejo:

Necesitas tomarte este asunto con calma. Siéntate y relájate: eso es lo primero que debes hacer. Estoy completamente seguro de que puedes educar al niño. Haz con tu hijo una vida normal y así el niño crecerá en un ambiente saludable. Te recomiendo que sigas este consejo con calma y con paciencia. Tu hijo está en buenas manos y tienes que confiar en tus posibilidades.

▶ El psicólogo me ha dicho que...

2. Problema:

Estoy preocupada por mi falta de puntualidad. Todo el mundo tiene que esperarme siempre, e incluso he llegado a perder el avión en varias ocasiones por llegar tarde. La otra mañana, por ejemplo, dejé plantada a mi jefa. Ella es muy comprensiva, pero yo me sentí fatal. ¿Por qué soy así? ¿Por qué llego tarde con tanta frecuencia? Necesito una respuesta urgente. Muchas gracias.

Consejo:

Si eres impuntual te perjudicas a ti misma y haces perder el tiempo a los demás con tu falta de responsabilidad. Sólo puedo decirte que te acostumbres a llegar al trabajo y a tus citas con los amigos unos minutos antes, y así demostrarás que sabes organizarte y que tienes una gran estima por tu trabajo y por tus amigos.

▶ El psicólogo me ha dicho que...

11 ¿Qué han dicho estas personas?

✓ Señora García: " .... ".

▶ Mamá, he visto a la señora García en el supermercado y me ha preguntado cómo está la familia y si sigues trabajando. Ella acaba de empezar sus vacaciones y se siente feliz.

✓ Profesor Mariano: " .... ".

▶ Pili, me he encontrado en el pasillo al profesor Mariano y quiere saber por qué nunca vas a sus clases y por qué dices a los demás alumnos que es muy aburrido. Me ha pedido que te diga que está muy enfadado contigo.

✓ Paco: " .... ".

▶ Pedro, he recibido un telegrama de Paco y dice que vendrá el domingo temprano. Estará aquí sobre las ocho de la mañana y quiere saber si podemos ir a buscarlo al aeropuerto.

12 **Mar ha encontrado dos mensajes en el contestador. Léelos y contesta a las preguntas.**

Mensaje 1

Hola, Mar; soy Pedro. Todavía estoy en la oficina trabajando. Creo que saldré a las nueve y media y después iré al gimnasio. ¿Quieres jugar conmigo al tenis el domingo? Anímate. Te espero a las once y cuarto en el polideportivo.

¿A qué hora saldrá Pedro del trabajo? Él cree que...
¿Qué pregunta Pedro a Mar? Pedro pregunta a Mar...
¿A qué hora y dónde espera Pedro a Mar para jugar al tenis? Él dice que...

Mensaje 2

Soy Manolo. Te llamo para decirte que sí puedo ir a Ávila contigo y con Ramón, porque mi madre se quedará con los niños todo el fin de semana. ¿Puedes venir a recogerme a mi casa? Mi coche está averiado.
Bueno, eso es todo. Si hay algún problema llámame. Besos.

¿Por qué Manolo sí puede ir a Ávila con Mar y con Ramón? Porque dice que...
¿Por qué propone a Mar que vaya a recogerlo a su casa? Porque afirma que...

13 **Escribe en los bocadillos lo que crees que dicen estos personajes; después transforma cada mensaje en estilo indirecto.**

1 **Transforma en oraciones impersonales con *se*.**

1. El teletipo afirma que la guerra ha comenzado.

Se afirma que la guerra ha comenzado

2. Durante las vacaciones de Navidad descansamos poco.

Durante las vacaciones de Navidad se descansa poco

3. En este restaurante comemos muy bien.

En este restaurante se come muy bien

4. Los periodistas han descubierto la verdad sobre el asesinato del presidente.

Se ha descubierto la verdad sobre el asesino del presidente

5. El telediario confirma que tendremos mal tiempo todo el fin de semana.

se confirma que tendremos mal tiempo todo el fin de semana

6. Mis abuelos viven tranquilamente en un pueblo pequeño.

Se vive tranquilamente en un pueblo pequeño

7. El director había clausurado las III Jornadas Gastronómicas.

se había clausurado las III jornadas Gastronómicas

8. La prensa del corazón dice que muchas personas famosas venden su vida privada.

Se dice que muchas personas famosas venden su vida privada

9. En mi familia cenamos un poco tarde.

Se cena un poco tarde

10. El reportero declara que los terroristas fueron detenidos.

Se declara que los terroristas fueron detenidos

11. La nota de prensa aclara que el avión tuvo una avería grave.

Se aclara que el avión tuvo una avería grave

12. La redacción del periódico *Noche y Día* ha publicado un reportaje sobre la inmigración extranjera en las grandes ciudades.

Se ha publicado un reportaje sobre la inmigración...

13. El artículo ha dedicado dos columnas a las noticias sobre Marte.

Se ha dedicado dos columnas a las noticias sobre Marte

14. Avanzáis más si tomáis este camino.

Se avanza más si se toma este camino

2 **Completa con la forma verbal correcta y coloca *se* cuando sea conveniente.**

1. (Comentar) .... que en un partido de fútbol han golpeado a los reporteros.

2. Esta mañana mi vecina me (decir) .... que ha encontrado un nuevo trabajo.

3. Aquí (hacer) .... comida rápida.

4. En los lugares públicos (prohibir) .... fumar.

5. La editorial (vender) .... un millón de libros el año pasado.

6. (Suspender) .... a los malos estudiantes y (aprobar) .... a los estudiantes trabajadores.

7. Cuando mi marido y yo (ir) .... a Perú (comprar) .... muchos regalos.

8. (Rogar) .... que no tiren papeles al suelo.

9. Los niños no (comer) .... bien.

10. Juan no (venir) .... porque está trabajando.

11. (Decir) .... que el perro es el mejor amigo del hombre.

12. Carlos y María (tener) .... un niño dentro de un mes.

13. (Vender) .... naranjas a 125 pesetas (0,75 €) el kilo.

14. Los pasatiempos (ser) .... muy divertidos.

3 **Completa usando los verbos impersonales con el tiempo adecuado.**

I. Ayer (hacer) _hizo_ mucho frío y tenía las manos heladas.

2. (Anunciar) _Se anuncia_ en todos los medios de comunicación que Brad Pitt ha dejado el cine.

3. Todavía (ser) _es_ temprano y ya (ser) _es_ de noche.

4. (Llamar) _llaman_ a la puerta.

5. (Comunicar) _Se comunica_ a todos los alumnos que mañana día 12 de octubre no (haber) _habrá_ clase.

6. (Buscar) _Se busca_ una chica para compartir piso en la calle Mayor.

7. (Arreglar) _Se arreglan_ coches averiados.

8. (Recomendar) _Se recomienda_ que tomemos una ducha antes de bañarnos en la piscina.

9. (Ser) _es_ tarde y no puedo dormirme.

10. En el accidente de ayer no (haber) _hubo_ heridos.

11. (Gritar) _gritan_ en la calle.

12. (Alquilar) _Se alquilan_ apartamentos en primera línea de playa.

13. En el zoo (haber) _hay_ diez elefantes africanos.

14. (Prohibir) _Se prohíbe_ en España conducir a más de 120 kilómetros por hora.

15. En mi apartamento (hacer) _hace_ frío o (hacer) _hace_ calor. Nunca (haber) _hay_ una temperatura adecuada.

4 **Fíjate en estas noticias de prensa. Relaciónalas con la foto correspondiente y, a continuación, transforma, cuando sea posible, las oraciones en impersonales.**

1 El director del Centro de Arte Dramático Nacional ha declarado que las entradas del espectáculo costarán 4.000 pesetas (24,04 €) El conserje abrirá la puerta principal una hora antes de comenzar la actuación.

Se declara que

se abrirá

2 _se descubrió_
La policía descubrió el viernes por la noche un barco con televisores robados. Los marineros afirmaron que no sabían nada.
se afirmó

3 _se confirma_
Las últimas noticias confirman que el famoso diseñador de moda Julio Carlos ha muerto en su casa. Sus amigos dicen que estaba _se dice_ muy deprimido después de la muerte de su esposa.

4 _se tomarán_
El responsable de Medio Ambiente tomará medidas para que la contaminación descienda.

5 **Transforma estas oraciones impersonales en oraciones personales con un sujeto conocido.**

1. En Cataluña se hablan dos lenguas.

Los catalanes hablan dos lenguas

2. Dicen que Juan y Pepa se han casado en secreto.

Mi hermano dice que J y P se han casado en secreto

3. Se apagarán las luces a las 12 de la noche.

Los electricistas apagarán las luces . . .

4. Habían dejado la puerta abierta.

Ellos habían dejado la puerta abierta

5. Se exporta pescado al extranjero.

España exporta pescado al extranjero

6. Sabrán la verdad.

Ellos sabrán la verdad

7. Han llamado al ascensor.

Antonio ha llamado al ascensor

8. Se prohíbe beber a partir de las 11 de la noche.

Francia prohíbe . . .

9. Se duerme poco.

Marco duerme poco

10. Rompieron el cristal de la ventana.

Los niños rompieron el cristal . . .

11. Se ha elegido a la reina de las fiestas.

El jurado ha elegido . . .

12. Se ha presentado el nuevo disco de Iván Escobar.

La televisión ha presentado el nuevo . . .

13. Gritaban a las tres de la madrugada.

Ellos gritaban . . .

14. Se publica que hubo cinco heridos en el incendio del cine Avenida.

El periódico publica que hubo . . .

15. Se reparan televisores.

Mis tíos reparan televisores

6 **Transforma las siguientes instrucciones utilizando la forma impersonal *se* + verbo en tercera persona (singular o plural).**

1. Instrucciones:

▶ Introducir el importe exacto.

▶ Seleccionar el número deseado.

▶ Empujar la puerta lateral de la derecha.

▶ Retirar el alimento seleccionado.

2. Instrucciones:

▶ Descolgar el teléfono.

▶ Introducir una tarjeta o monedas.

▶ Marcar el número.

7 **Transforma estas oraciones activas en oraciones pasivas con *ser* + participio.**

1. Mi programa de radio favorito emite las noticias más interesantes.

Las noticias son emitas por mi programa de radio prefrrito

2. El terremoto ha destruido la ciudad.

La ciudad ha sido destruida por el terremoto

3. El equipo de ciclismo ganó una medalla de oro.

Una medalla de oro fue ganada por el equipo de ciclismo

4. Los albañiles arreglarán el tejado.

El tejado será arreglado por los albañiles

5. Los romanos construyeron el acueducto de Segovia hace veinte siglos.

El acueducto de Segovia fue construido por los romanos hace 20 siglos

6. Miguel de Cervantes escribió *El Quijote*.

El Quijote fue escrito por Miguel de Cervantes

7. El fontanero arreglará los grifos de la bañera.

Los grifos de la bañera serán arreglados por el fontanero

8. Vosotros explicáis la lección.

La lección es explicada por vosotros

9. Ana había anunciado la dimisión de José.

La dimisión de José había sido anunciada por Ana

10. Juan no ha regado las plantas.

Las plantas no han sido regadas por Juan

11. Los mecánicos pintan el coche.

El coche es pintado por los mecánicos

12. Nosotros apagamos las luces.

Las luces son apagadas por nosotros

13. Velázquez pintó *Las Meninas*.

Las Meninas fue pintada por Velázquez

14. Vicente Seco presentará una colección de moda para niños.

Una colección de moda para niños será presentada por Vicente Seco

8 **Escribe el verbo en la forma adecuada.**

1. Se (convocar) *convoca* a todo el personal de la fábrica a una reunión urgente.

2. Se (reparar) *repara* cualquier tipo de aparato eléctrico.

3. Anoche se (encontrar) *encontraron* a los tres únicos supervivientes del terremoto.

4. Esta mañana se (avisar) *ha avisado* a todos los vecinos del edificio para que lo abandonen inmediatamente.

5. Aquí se (intercambiar) *intercambian* cromos sobre varios deportes.

6. A partir de la próxima semana se (renovar) *renovarán* los carnés de identidad solamente por las tardes de 17.00 h a 20.00 h.

7. El mes pasado se (dejar) *dejó* en libertad a los tres sospechosos del incendio del bosque "Campillo".

8. Mañana se (recompensar) *recompensará* a todas las personas que han aportado alguna información sobre el secuestro de Casimiro López.

9. Se (preparar) *preparan* bocadillos de jamón y queso.

10. Se (anunciar) *anuncia* mal tiempo para las próximas horas.

9 Convierte estas oraciones activas en oraciones pasivas con *se* + verbo en 3.ª persona (singular o plural).

Ej.: *Ellos habían reservado las entradas para el teatro.*
Se habían reservado las entradas para el teatro.

1. El presentador de televisión anuncia buen tiempo para el domingo.
Se anuncia buen tiempo para el domingo

2. Los periódicos publican la llegada del hombre a Marte.
Se publica la llegada del hombre a Marte

3. Los futbolistas jugarán dos partidos de fútbol.
Se jugarán dos partidos de fútbol

4. Los turistas han respetado las normas del museo.
Se han respetado las normas del museo

5. El abogado ha defendido la verdad.
Se ha defendido la verdad

6. Miguel traduce al japonés la última novela de Antonio Gala.
Se traduce al japonés la última ...

7. Los profesores comunicarán el horario del curso.
Se comunicará el horario del curso

8. El director del banco necesita una secretaria.
Se necesita una secretaria

9. Los albañiles construyeron un edificio de 15 pisos.
Se construyó un edificio de 15 pisos

10. Los bomberos apagarán el fuego.
Se apagará el fuego

11. Mi madre no ha hecho la cena.
No se ha hecho la cena

12. Los científicos descubren un nuevo planeta.
Se descubre un nuevo planeta

13. Los niños han roto tres vasos.
Se han roto tres vasos

14. Pepa ha pasado la aspiradora.
Se ha pasado la aspiradora

15. Los pintores han pintado la casa.
Se ha pintado la casa

10 Transforma estas oraciones pasivas con *ser* + participio en oraciones con *se* + verbo en 3.ª persona (singular o plural).

Ej.: *La noticia fue difundida a primera hora de la mañana.*
Se difundió la noticia a primera hora de la mañana.

1. La entrevista con el primer ministro había sido preparada por los periodistas.
Se había preparado la entrevista

2. Estos zapatos fueron fabricados en Alicante.
Se fabricaron en Alicante.

3. La Giralda de Sevilla será restaurada.

Se restaurará la Giralda de Sevilla

4. Los cristales han sido limpiados por Juan.

Se han limpiado los cristales por Juan

5. La película sobre la vida de Picasso fue dirigida por Lorenzo López.

Se dirigió la película sobre la vida de Picasso ...

6. Las joyas fueron robadas ayer por la noche.

Se robaron las joyas ayer por la noche

7. El café es preparado por Fernando.

Se prepara el café por Fernando

8. La casa será pintada mañana.

Se pintará la casa mañana

9. El puente había sido levantado el mes pasado.

El puente se había levantado el mes pasado

10. La carta es escrita por Marcos.

Se escribe una carta

11. El paciente ha sido operado por el doctor Gonzalo.

Se ha operado el paciente

12. El frigorífico es reparado por el técnico.

Se repara el frigo

13. El niño no ha sido encontrado.

No se ha encontrado

14. La postal fue enviada desde Roma.

Se envió la postal desde Roma

15. El pollo había sido cortado en trozos pequeños.

Se había cortado el pollo en trozos ...

11 **Contesta a las preguntas utilizando la voz pasiva con _ser_ e inventa el agente que realiza las acciones.**

Ej.: _¿Quién ha vendido el coche?_ ➜ _El coche ha sido vendido por Carlos._

1. ¿Quién comprará la carne?

La carne será comprada por Marco

2. ¿Quién ha subido las maletas?

Las maletas ha sido subido por María

3. ¿Quién hizo el pastel de chocolate?

El pastel de chocolate fue hecho por Marta

4. ¿Quién bajó la basura?

La basura fue bajada por Juan

5. ¿Quién paga la comida?

La comida ha sido pagada por los tíos

6. ¿Quién ha robado mi bolso?

Mi bolso ha sido robado por los ladrones

7. ¿Quién había perdido las llaves?

Las llaves habían sido perdido por mi hermano

8. ¿Quién escribió el recado?

El recado fue escrito por mi amigo

9. ¿Quién presenta las noticias en televisión?

Las noticias en televisión son sido presentadas por Francisco

10. ¿Quién ha enviado las flores?

Las flores han sido enviadas por Carlos

11. ¿Quién dejará la puerta abierta?

La puerta abierta será sido dejada por María

12. ¿Quién compró los pasteles?

Los pasteles fueron comprados por él

13. ¿Quién escucha la radio?

La radio es escuchada por Ypenia

14. ¿Quién ha roto la bicicleta?

La bicicleta ha sido rota por el niño

15. ¿Quién pintó _El Guernica_?

El Guernica fue pintado por Franco

12 **Convierte estas oraciones pasivas en activas.**

1. La Luna fue pisada por el hombre en 1969.

El hombre pisó la Luna en 1969

2. La habitación será decorada por Miguel.

Miguel decorará la habitación

3. El pescado es cocinado por María.

María cocina el pescado

4. La cama será hecha por Rocío.

Rocío hará la cama

5. Los pantalones habían sido lavados por mí.

Yo había lavados los pantalones

6. El suelo ha sido limpiado por Juan.

Juan ha limpiado el suelo

7. El ordenador era utilizado por José.

José utilizaba el ordenador

8. El pan es comprado por Marta.

Marta compra el pan

9. La ropa ha sido lavada por ella.

Ella ha lavado la ropa

10. Las bombillas fueron cambiadas por Joaquín.

Joaquín cambió las bombillas

11. El libro era leído por Ana.

Ana leía el libro

12. Las maletas son subidas por Juana.

Juana sube las maletas

13. El perro fue atropellado por un conductor borracho.

Un conductor borracho atropelló el perro

14. La casa ha sido visitada por unos compradores.

Unos compradores había visitado la casa

15. El banco es asaltado por unos desconocidos.

Unos desconocidos asaltan el banco

13 **Transforma estas oraciones pasivas con *ser* + participio en oraciones con *se* + verbo en 3.ª persona (singular o plural).**

1. El ascensor fue arreglado por mi vecino.

    Mi vecino se arregló

2. La noticia es anunciada en la televisión.

    La noticia se anuncia en la televisión

3. La boda del príncipe será anunciada en un comunicado oficial.

    La boda se anunciará en un comunicado oficial

4. La carne de cerdo es vendida a bajo precio.

    La carne de cerdo se vende a bajo precio

5. Las declaraciones del rey habían sido emitidas por la radio.

    Las declaraciones del rey se habían emitidas por la radio

6. Las ramas del árbol han sido cortadas por el jardinero.

    Las ramas del árbol se han cortado

7. Los perfumes eran comprados en una perfumería.

    Los perfumes se compraban en una perfumería

8. El barco es vendido por 40.000 pesetas (240,40 €)

    El barco se vende por 40 000 p.

9. La novela será publicada la semana próxima.

    La novela se publicará la semana próxima

10. El fax ha sido enviado esta mañana.

    El fax se ha enviado esta mañana

11. Los periódicos habían sido vendidos en el quiosco del parque.

    Los periódicos se habían vendido en el quiosco del parque

12. El secreto es desvelado por los periodistas.

    El secreto se desvela

13. Los regalos serán comprados mañana.

    Los regalos se comprarán mañana

14. El cuadro fue pintado a principios de siglo.

    El cuadro se pintó a principios ...

15. Los reportajes eran emitidos por la noche.

    Los reportajes emitían por la noche

CLAVES

1.

país	capital	habitantes	objeto típico
España	Madrid	españoles	abanico
Perú	Lima	peruanos	quena
Argentina	Buenos Aires	argentinos	mate

- La quena es una flauta típica de Perú.
  El abanico es un instrumento español que sirve para darse aire en verano.
  El mate es un recipiente que sirve para beber un tipo de infusión que recibe el mismo nombre.

2.

	ser	estar
yo	soy	**estoy**
tú	**eres**	**estás**
él	**es**	está
usted	**es**	**está**
nosotros	**somos**	estamos
vosotros	sois	**estáis**
ustedes	**son**	**están**
ellos	**son**	están

3.

1. es
2. es
3. estamos
4. Es
5. está / está
6. es
7. está
8. son
9. es
10. está
11. son
12. está
13. estoy
14. están
15. Es

4.

1. México **está** en América del Norte. **Verdadero.**
2. Antigua **está** en Guatemala. **Verdadero.**
3. Madrid **es** la capital de España. **Verdadero.**
4. América Latina se **está** desarrollando tecnológicamente. **Verdadero.**
5. En España **es** verano cuando en Argentina **es** invierno. **Verdadero.**
6. Santiago de Chile **es** la ciudad más habitada de América. **Falso.** La ciudad más habitada de América es México D. F.
7. Cuando en España **son** las doce de la mañana, en Perú **son** las seis de la tarde. **Verdadero.**
8. La Casa Rosa **está** en Paraguay. **Falso.** La Casa Rosa es la sede del Gobierno argentino. Está en Buenos Aires.
9. El sol **es** la moneda de Argentina. **Falso.** La moneda de Argentina es el peso. El sol es la moneda de Perú.
10. El bolívar **es** una moneda de Centroamérica. **Falso.** El bolívar es la moneda de Venezuela. Este país está en América del Sur.

5.

Barcelona **es** una ciudad típica del sur de Europa. **Es** progresista, industrial, burguesa y europea, pero también **es** tradicionalista, popular, mediterránea. Barcelona **está** asentada en una llanura. El centro político y ciudadano **está** en la plaza de Sant Jaume; allí también **están** el Ayuntamiento y la Generalitat.
  Es una ciudad dividida en diferentes barrios y zonas. El centro **está** ocupado por una gran extensión: el Ensanche. Entre el Ensanche y el centro **está** la Barcelona vieja, que se divide en tres partes: la Barcelona antigua, el barrio del Raval y el barrio de la Ribera. De las tres, la más interesante **es** la antigua. Éste es el núcleo más viejo y de mayor solera de Barcelona; **es** conocido como el Barrio Gótico. La Rambla **es** su calle más famosa y típica. A la izquierda de la Barcelona vieja **está** la montaña de Montjuïc; a la derecha **está** el parque de la Ciutadella, aquí **está** el Parlamento, y también el Museo de Arte Moderno. Entre este parque y el puerto, adentrándose en el mar, **está** el barrio marinero de La Barceloneta, que **es** también muy típico.

Secretaría General de Turismo, *Guía Turespaña* (texto adaptado).

6.

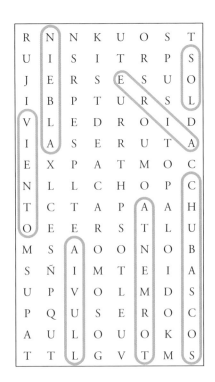

7.

1. regordeta
2. inteligente
3. feliz
4. menor
5. lluviosa
6. seductora
7. grandota
8. amable
9. andaluza
10. útil

8.

Respuesta libre.

9.

1. Es una chica amable.
2. Mi sobrina es comilona.
3. Alguna persona es valiente.
4. Nuestra tía es andaluza.
5. Mi madre es marroquí.
6. Esa chica es muy habladora.
7. Tengo una amiga belga.
8. Ella viste ropa juvenil.
9. Su alumna es simpática.
10. La chica de la derecha es alemana.
11. Yo estoy contenta.
12. La española es cortés.
13. La brasileña es educada.
14. Esa chica es una gran mujer.
15. La profesora es atenta.

10.

1. a)	3. a)
2. a)	4. a)

11.

Respuesta libre.

12.

1. Con el Premio Cervantes se premia a los mejores escritores en lengua española.
2. Se duerme poco porque hace mucho calor.
3. En Alemania se conduce sin límite de velocidad.
4. Se compra ropa en el centro.
5. Se vive con mucho estrés en las grandes ciudades.
6. En el restaurante se come por 1.000 pts. (6 €) el menú.
7. Se aprende mucho viajando.
8. Se vende un piso soleado a bajo precio.
9. Se organizan viajes a Centroamérica.
10. Se dice que los precios subirán el próximo año.

13.

Respuesta libre.

14.

1. hay	9. tiene
2. es	10. Hay
3. está	11. está
4. hay	12. hay
5. es	13. están
6. están	14. tiene
7. hay	15. es / Es
8. está	

15.

1. Las; las	9. las
2. Los	10. ø
3. El	11. Las
4. la	12. los; los
5. ø	13. El; la
6. los	14. ø
7. Las; las	15. el
8. el	

16.

1. b) la
2. c) ø
3. a) La
4. a) La
5. a) ø
6. a) la
7. b) el
8. c) ø
9. b) El; ø
10. a) el; el
11. c) Los; ø
12. c) ø
13. b) las / los
14. b) el
15. c) El; ø

á m b i t o 2

1.

	masculino	femenino
1.	cuñado	cuñada
2.	sobrino	sobrina
3.	yerno	nuera
4.	suegro	suegra
5.	padrastro	madrastra
6.	hermano	hermana
7.	primo	prima
8.	tío	tía
9.	nieto	nieta
10.	abuelo	abuela

2.

1. Los pantalones son suyos. **Son sus pantalones.**
2. Son mis gafas. **Las gafas son mías.**
3. Las peras son vuestras. **Son vuestras peras.**
4. El dinero es suyo. **Es su dinero.**
5. Es nuestra habitación. **La habitación es nuestra.**
6. El dinero es tuyo. **Es tu dinero.**
7. Las llaves son suyas. **Son sus llaves.**
8. El bolso es tuyo. **Es tu bolso.**
9. Los libros son míos. **Son mis libros.**
10. Es su cuaderno. **El cuaderno es suyo.**
11. La camisa es tuya. **Es tu camisa.**
12. Es mi casete. **El casete es mío.**
13. Los libros son vuestros. **Son vuestros libros.**

3.

1. Sí, hemos visto tus gafas.
2. No, no te dejo mi libro.
3. Sí, aquel libro es nuestro.
4. Sí, este pantalón es suyo.
5. No, no puedo pagar tu comida.
6. Sí, he planchado tus pantalones.
7. No, no son vuestros regalos.
8. Sí, vivo con mis padres.
9. Sí, he visto a sus padres.

4.

1. es	9. está
2. es	10. es
3. Es	11. está; es
4. está	12. es
5. es	13. está; es
6. está	14. está
7. es	15. está
8. es	

5.

1. Felipe de Borbón **es** español. *Define (nacionalidad).*
2. Después del concierto yo **estoy** muy cansada. *Resultado de un proceso (estado físico).*
3. La madera **es** resistente. *Define (cualidades que forman parte de la cosa).*
4. Los Reyes de España **están** casados. *Resultado de un proceso (estado civil).*
5. María **está** embarazada de seis meses. *Resultado de un proceso (estado temporal).*
6. La carretera **está** cerrada al tráfico. *Resultado de un proceso (circunstancias).*
7. Los alemanes **son** muy rubios. *Define (descripción física de personas).*
8. Mi hermano **está** muy alto para su edad. *Expresa el estado (explica cómo se encuentra).*
9. El cristal **es** frágil. *Define (esencia).*
10. La cerveza **está** caliente. *Expresa el estado (valoración de objetos).*

6.

1. Le duele mucho la cabeza y la garganta. **Está mal.**
2. El cocido es excelente. **Está rico.**
3. Lo más importante para mí es el dinero. **Es un materialista.**
4. La vida es muy triste. Soy una desgraciada. **Está deprimida.**
5. Tiene mucho dinero. **Es rico.**
6. Este apartamento tiene mucha luz. **Es claro.**
7. Ha tenido que barrer, planchar y hacer la comida. **Está cansada.**
8. Ha perdido el autobús por unos minutos. **Está negro.**
9. Le da mucha vergüenza hablar en público. **Es tímido.**
10. La vida es de color rosa, todo es maravilloso. **Es optimista.**

7.

1. Juan siempre **está listo** para salir de viaje.
2. Joaquín **es / está despierto** en la clase de matemáticas.
3. La fabada **está rica** en el bar de la esquina.
4. Juan nunca **está despierto** antes de las 10:30 de la mañana.
5. Los españoles **son atentos** con las personas extranjeras.
6. **Está claro** que Madrid es la ciudad con mayor número de habitantes de España.
7. Mi hermano pequeño **está delicado** de salud.
8. A mí me gustan las personas que **son abiertas** y se relacionan con todo el mundo.
9. La porcelana china **es delicada** para estar jugando con ella.
10. Elena **está negra** de tomar tanto sol.

8.

La casa **está** situada a las afueras de la ciudad. **Es** de color blanco, aunque hay algunas partes que **están** pintadas de verde. Tiene dos plantas, un sótano y un gran patio. **Fue** construida en 1934, cuando la familia Rodríguez **era** rica. En la primera planta **están** la cocina y el salón. El salón **es** la parte más grande de la casa; tiene dos ventanales que **están** situados en la pared del fondo, pero siempre **están** cerrados; también hay una chimenea que **está** construida de ladrillo y **es** de estilo francés. Esta sala **fue** decorada por la señora Rodríguez antes de que cayera enferma; **es** una sala muy alegre, con mucha luz. En la parte superior **están** las habitaciones y los baños. En una de ellas **es** donde dormía Carmen y donde pasó los mejores años de su vida. La habitación **es** amplia y **está** muy iluminada porque **está** orientada hacia el este; para contrarrestar esta claridad Carmen la decoró con colores fríos: las cortinas **son** verdes, las paredes **están** pintadas de azul, el suelo **es** de madera oscura. A Carmen le gustaba **estar** en su habitación, siempre **estaba** de pie frente a la ventana, contemplando el paisaje.

9.

1. televisión	6. exámenes	11. cárcel	16. reloj
2. miércoles	7. óptimo	12. bolígrafo	17. compás
3. sábado	8. esdrújula	13. estudiante	18. jabalí
4. médico	9. horóscopo	14. bolso	19. caramelo
5. inyección	10. mesa	15. pared	20. silla

10.

1. Los próximos miércoles hay clases.
2. Los limpiabotas de Gran Vía son muy eficientes.
3. Los libros de matemáticas están llenos de ejercicios.
4. Los chicos marroquíes son muy simpáticos.
5. Los reyes de España están de vacaciones en Mallorca.
6. Tenemos que renovar los carnés de conducir el lunes próximo.
7. Los días están lluviosos.
8. Los cebúes son mamíferos rumiantes.
9. Los dominós de Alberto son de madera.
10. El pánico a volar está muy generalizado.

11.

CEE	Comunidad Económica Europea
CC. AA.	Comunidades Autónomas
SELA	Sistema Económico Latinoamericano
ONU	Organización de Naciones Unidas
ALADI	Asociación Latinoamericana de Integración
EE. AA.	Emiratos Árabes
SIDA	Síndrome de Inmunodeficiencia Adquirida
OEA	Organización de Estados Americanos

12.

triste	tristeza	entristecerse
emocionado	emoción	emocionarse
enfadado	enfado	enfadarse
sensible	sensibilidad	sensibilizarse
angustiado	angustia	angustiarse
deprimido	depresión	deprimirse

13.

Respuesta libre.

14.

Respuesta libre.

LECCIÓN 2
ámbito 1

1.

repetición, recuerdo, progreso, intervención, exposición, explicación, entendimiento, agrado, descripción, corrección, contestación, conocimiento, mareo, clasificación, calificación, aprovechamiento, afirmación, aclaración, olvido, aburrimiento, abandono, saludo

2.

1. destituye
2. divierten
3. completas
4. me acuerdo
5. duermen
6. quieren
7. conseguís
8. sirvo
9. corrijo
10. reconstruyen
11. devuelven
12. friego
13. atraviesas
14. Conduces; conduzco
15. Conozco

3.

1. encuentras. Acción presente.
2. empieza. Verdad absoluta.
3. vemos. Presente conversacional.
4. es. Verdad absoluta.
5. me siento; voy. Presente conversacional.
6. Soy; me llamo. Verdad absoluta.
7. dices; te llamas. Petición.
8. son. Verdad absoluta.
9. Desean. Sugerencia, ofrecimiento.
10. vas; te olvidas. Sugerencia.
11. Lleva. Acción habitual.
12. Son; trabajan. Verdad absoluta; acción habitual
13. es. Verdad absoluta.
14. viajo. Acción habitual.
15. está. Verdad absoluta.

4.

1. me levanto; me baño
2. se corrige
3. se propone
4. se expresa
5. os acostáis
6. se lava
7. se esfuerzan
8. nos dormimos
9. se peina
10. se entienden
11. te vas; me quedo
12. se van
13. me aburro
14. se arregla; se maquilla
15. os afeitáis

5.

M	L	A	V	O	S	O	Z	E	R	E	P	R
A	A	N	A	T	A	L	R	A	H	C	O	I
I	U	L	G	R	O	E	S	O	O	D	D	U
Z	T	R	O	E	S	V	L	D	A	N	A	L
E	N	E	T	N	E	G	I	L	E	T	N	I
P	U	N	T	U	A	L	B	T	A	C	E	S
O	P	I	E	Z	A	A	R	E	C	S	D	T
R	M	S	A	C	H	O	R	A	O	A	R	O
O	I	N	T	R	A	B	A	J	A	D	O	R

cualidades	defectos
listo	perezoso
inteligente	charlatán
trabajador	vago
ordenado	holgazán
activo	hablador
puntual	impuntual

6.

Respuesta libre.

7.

Respuesta libre.

8.

– El próximo fin de semana debes esperarme en la cafetería "Calderón" a las diez de la noche.

– Pienso reservar cinco entradas para el partido de fútbol del domingo. Cada entrada cuesta 5.000 pts. (30 €).

– Tengo intención de estudiar idiomas en una escuela con profesores nativos.

9.

1. en**v**oltorio	11. escri**b**ía
2. **b**lanco	12. conce**b**ir
3. mo**v**ilidad	13. cocina**b**a
4. ám**b**ar	14. hemos **v**i**v**ido
5. llo**v**er	15. nue**v**o
6. acarrea**b**a	16. í**b**amos
7. de**b**emos sa**b**er	17. atre**v**erse
8. sir**v**iendo	18. o**b**jeti**v**o
9. em**b**ustero	19. sensi**b**ilidad
10. resol**v**er	20. o**b**ser**v**ar

10.

1. Les	6. Me	11. Te
2. Nos	7. Nos	12. Les
3. Le	8. Les	13. Os
4. Os	9. Le	14. Le
5. Le	10. Me	15. Les

11.

Respuesta libre.

12.

– Un grupo de ciclistas participa en la Vuelta a España.
– Una joven lee al aire libre, en plena naturaleza.
– Un grupo de amigos hace un crucero.
– Un hombre detiene su coche en un atasco y revisa las ruedas del coche.

13.

buen profesor	mal profesor
coherente	torpe
sincero	egoísta
generoso	pesado
divertido	superficial
alegre	aburrido
honesto	pedante
sensible	

á m b i t o 2

1.

1. lavaplatos	4. saltamontes
2. fregasuelos	5. cortaplumas
3. sacacorchos	6. rompecabezas

2.

Si tienes 7 o menos puntos, eres una persona poco sociable. Si tienes entre 8 y 12 puntos, eres una persona a la que le gusta el orden pero también le gusta, a veces, hacer lo que quiere.
Si tienes entre 13 y 15 puntos, es una suerte vivir contigo.

3.

	sinónimo	antónimo
fácil	sencillo	difícil
enorme	inmenso	diminuto
cariñoso	afectuoso	huraño
gracioso	cómico	soso
tacaño	avaro	generoso
trabajador	laborioso	perezoso, vago
tranquilo	sosegado	intranquilo, nervioso, inquieto

4.

des-	in-; im-; i-
acierto > desacierto	cómodo > incómodo
ilusión > desilusión	posibilidad > imposibilidad
cortés > descortés	responsable > irresponsable
aconsejar > desaconsejar	posible > imposible
activar > desactivar	discreto > indiscreto
agradable > desagradable	legal > ilegal
	decisión > indecisión
	acabable > inacabable
	propio > impropio
	admisible > inadmisible
	agotable > inagotable
	compatible > incompatible

5.

Respuesta libre.

6.

Poner la lavadora. Tres veces a la semana.
Limpiar los cristales. Todos los días.
Hacer gimnasia. Un día a la semana.
Hacer la compra. Tres veces a la semana.

7.

Respuesta libre.

8.

1. (No es posible.)
2. Ana **está buscando / lleva buscando** un nuevo trabajo desde la semana pasada.
3. Mi hermana Raquel **está trabajando** en una carnicería.
4. Ahora estoy delgada porque **estoy haciendo** una dieta.
5. No tomes más el sol porque tu piel se **está poniendo** roja.
6. **Estoy encendiendo** la radio para escuchar las últimas noticias.
7. (No es posible.)
8. Siempre **está llamando** por teléfono después de las diez de la noche.
9. (No es posible.)
10. **Estoy intentando** acabar mis deberes de clase desde esta mañana.

9.

1. pescar
2. nadar
3. broncear
4. pasear
5. bailar
6. viajar

10.

cocina: una cafetera, una lavadora, una cacerola, una barra de pan, un plátano, unas hortalizas, una botella de vino;

trastero: una escoba, un recogedor, una fregona, una aspiradora, un cubo, un martillo, una radio estropeada, un disfraz del hombre araña;

dormitorio: una sábana, un colchón, unas sandalias, una pulsera, un anillo, un bañador;

cuarto de baño: una esponja, una toalla, un frasco de colonia, un secador de pelo, una barra de labios;

salón: una lámpara grande, unas revistas, un ordenador;

garage: una bicicleta vieja, una moto;

jardín: una planta, una sombrilla.

11.

1. Expresa una acción que se realiza en el momento en el que se habla.
2. Expresa una acción durativa y habitual.
3. Expresa la progresión de una acción.
4. Expresa una acción que se realiza de forma transitoria.
5. Expresa una acción que dura desde un punto del pasado.
6. Expresa una acción que dura desde un punto del pasado.
7. Expresa una acción que se realiza en el momento en el que se habla.
8. Expresa una acción que se realiza en el momento en el que se habla.
9. Expresa una acción que dura desde un punto del pasado.
10. Expresa la progresión de una acción.
11. Expresa una acción que se realiza de forma transitoria.
12. Expresa una acción que dura desde un punto del pasado.
13. Expresa una acción durativa y habitual.
14. Expresa la progresión de una acción.
15. Expresa una acción que se realiza en el momento en el que se habla.

LECCIÓN 3
ámbito 1

1.

Posibles respuestas

1. El cura **dice misa.**
2. El ama de casa **hace las tareas del hogar.**
3. El farmacéutico **vende medicamentos.**
4. El abogado **defiende a los acusados.**
5. El telefonista **contesta al teléfono.**

2.

1.		C	A	R	P	I	N	T	E	R	O
2.		S	E	C	R	E	T	A	R	I	O
3.				B	O	M	B	E	R	O
4.		P	R	O	F	E	S	O	R
5.	T	E	N	D	E	R	O
6.			E	S	C	R	I	T	O	R
7.		M	E	D	I	C	O
8.	P	E	R	I	O	D	I	S	T	A
9.			A	N	A	L	I	S	T	A
10.	P	R	E	S	E	N	T	A	D	O	R
11.			P	E	S	C	A	D	E	R	O

3.

1. Profesión: profesor; sobra *actuar.*
2. Profesión: arquitecto; sobra *construir.*
3. Profesión: médico; sobra *juzgar.*
4. Profesión: bombero; sobra *casar.*

4.

	trabajar	beber	vivir	salir	comprar
yo	he trabajado	he bebido	he vivido	he salido	he comprado
tú	has trabajado	has bebido	has vivido	has salido	has comprado
él	ha trabajado	ha bebido	ha vivido	ha salido	ha comprado
nosotros	hemos trabajado	hemos bebido	hemos vivido	hemos salido	hemos comprado
vosotros	habéis trabajado	habéis bebido	habéis vivido	habéis salido	habéis comprado
ellos	han trabajado	han bebido	han vivido	han salido	han comprado

5.

1. nos hemos encontrado
2. he ido
3. hemos pensado
4. ha venido
5. hemos salido
6. hemos desayunado
7. te has olvidado
8. me he equivocado
9. han llevado
10. ha quedado
11. hemos terminado
12. han sido
13. has conocido
14. habéis comido
15. habéis escrito

6.

Respuesta libre.

7.

```
S E U K L O S T
A V A D T R P J
A B X S B S U O
R R I T U P E R
O D C E R O S D
D I J E R U T S
E P A D T T O C
N D I C H O O N
M S M A P L A M
O R A R S Q L E
I L C O O W H A
Z G S M T D E C
N S W O L A C P
R E T S E S H D
O O R O U R O E
R L A G V T M L
```

8.

	hacer	andar	ser	dormir	leer
yo	hice	anduve	fui	dormí	leí
tú	hiciste	anduviste	fuiste	dormiste	leíste
él	hizo	anduvo	fue	durmió	leyó
nosotros	hicimos	anduvimos	fuimos	dormimos	leímos
vosotros	hicisteis	anduvisteis	fuisteis	dormisteis	leísteis
ellos	hicieron	anduvieron	fueron	durmieron	leyeron

9.

1. salió	6. pensaron	11. trabajó
2. volví	7. visitamos	12. estuvo
3. llegó	8. bebieron	13. fue
4. inauguraron	9. celebró	14. hubo
5. publicó	10. hicisteis	15. terminó

10.

Respuesta libre.

11.

1938: Nació el 5 de enero en Roma, en el exilio.

1945: Residió en Estoril (Portugal).

1948: Comenzó sus estudios en España.

1962: Se casó con Dña. Sofía de Grecia.

1968: Nació su heredero Felipe.

1969: Fue nombrado heredero del trono de España.

1975: Fue proclamado rey de España después de la muerte del general Franco.

1977: Su padre renunció a sus derechos dinásticos en favor suyo.

1981: Logró paralizar un golpe de Estado.

1986: Firmó el tratado de adhesión a la CEE.

1993: Murió su padre.

1998: Nació su primer nieto.

1999: Nació su segundo nieto.

2000: Nació su tercer nieto.

12.

1. Este verano mis amigos y yo hemos visitado Granada.

2. Yo nunca he estado en EE. UU.

3. El año pasado el Gobierno votó los presupuestos generales.

4. Alberto y yo ya hemos hecho la declaración de la renta.

5. La semana pasada Elena terminó su tesis doctoral.

6. En 1995 empezasteis a estudiar español.

7. ¿Dónde fuisteis de vacaciones en 1990?

13.

cercanos al presente: este verano, nunca, ya;

alejados del presente: el año pasado, la semana pasada, en 1990, en 1995.

ámbito 2

1.

nariz: chata, aguileña;

cejas: arqueadas, pobladas;

pelo: rizado, liso, ondulado;

ojos: oscuros, claros, vivarachos;

cara: redonda, ancha, ovalada.

2.

1. parecía	9. dejaba; íbamos
2. estaba; tenía	10. se veía
3. había; estaba	11. se desarrollaba
4. visitaban	12. estaba; tenía
5. hacía	13. traían
6. era; hablaba	14. hacía
7. Llovía	15. llevaba
8. llevaban	

3.

Respuesta libre.

4.

Cuando **era** niña, mi familia **vivía** en Sevilla. Nuestra casa **estaba** en un barrio muy tranquilo, rodeado de naturaleza. La casa **tenía** tres plantas y un jardín típico andaluz donde siempre **olía** a azahar y jazmín. En la primera planta **había** tres habitaciones. Allí también **estaban** el despacho de mi padre, la cocina donde mi madre **hacía** la comida y el comedor, con una chimenea que **calentaba** toda la casa. En la segunda planta **había** tres dormitorios; el de mi hermano **era** grande y **tenía** dos ventanales por donde **entraba** mucha luz; el mío **era** más pequeño y sólo **tenía** una ventana; al de mis padres no **podíamos** entrar nunca porque nos lo habían prohibido.

5.

Respuesta libre.

6.

1. era; iba
2. desayunaba
3. veía
4. íbamos
5. llevaba
6. jugaba
7. venía; traía
8. bailaba
9. llevábamos
10. regresaban; traían
11. vivía
12. hacías; gustaba
13. era
14. estudiaba
15. cocinaba

7.

Respuesta libre.

8.

1. Mi marido es **médico.**
2. La carta era para **mí,** mas no me la dio.
3. No **sé** si **sabrá** venir a mi casa.
4. **¿Qué** es el **té?**
5. ¿De **quién** es este libro?
6. Nos dijo que **sí vendría.**
7. Tengo **más** trabajo que nunca.
8. Tu hermana me ha dicho que le **dé** tus apuntes.
9. **Salí** con **él** el domingo pasado.
10. Esa **canción** es muy bonita, mas no **sé** cantarla.
11. **Sé** bueno.

12. **Tú** eres la culpable de todos tus problemas.
13. Era para **mí,** pero te permito que te lo comas.
14. **¿Tú** eres el nuevo encargado?
15. Quiero un poco **más** de **café.**

9.

1. Se encontraba muy mal, le dolía mucho la cabeza, tenía mucha fiebre **y** fue al médico.
2. La sala estaba llena, la gente se impacientaba, había un murmullo **cuando** empezó la película.
3. Estaba muy nerviosa, eran las diez, el avión salía a las 10:30 y estaba en un atasco, **por eso** perdió el avión.
4. El cielo estaba gris, parecía que las nubes estaban escondidas, no llevaba paraguas, **entonces** comenzó a llover.

10.

Respuesta libre.

11.

1. en; de
2. en
3. por
4. a
5. Desde
6. para
7. desde; hasta / de; a
8. en
9. en
10. desde
11. desde
12. para / en / por
13. desde; hasta
14. por
15. a

12.

1. al atardecer, al anochecer
2. de pequeño, de mayor, de joven, de casado
3. al día siguiente, al año siguiente, al mes
4. de madrugada, de noche
5. por la mañana, por la tarde, por la noche

13.

1. a) En
San Fermín
2. b) A
Nochevieja
3. c) y b) desde; hasta / de; a
Francisco Franco con el bando nacional
4. a) Hasta
José María Aznar
5. b) desde
Felipe de Borbón

1.

1. ¿Qué tiempo hacía? **Estaba lloviendo.**
   ¿Qué llevaba puesto Pablo? **Pablo llevaba unas gafas negras y una chaqueta de lana.**
   ¿Y qué ocurrió? **Pasó un coche y lo atropelló.**

2. ¿Dónde estaba Jorge? **Jorge estaba en el aeropuerto.**
   ¿Con quién iba? **Iba con una niña pequeña.**
   ¿Y qué sucedió? **Un ladrón le robó la cartera.**

3. ¿Qué hacía Carlos? **Carlos tomaba el sol en la playa.**
   ¿Cómo estaba el mar? **El mar estaba revuelto.**
   ¿Qué pasó? **Vino una ola y Carlos desapareció.**

4. ¿Qué hacía Laura a las 7.45 h de la mañana? **Laura se despertaba y se levantaba de la cama.**
   ¿Cómo estaba su habitación? **Su habitación estaba muy desordenada.**
   ¿Iba en autobús al trabajo? **No. Iba andando.**

2.

De pequeño, mi familia y yo **vivíamos** en las afueras de Barcelona, en un barrio que ya no existe y que **se llamaba** Los Pajaritos. **Eran** los años cuarenta y la vida en una gran ciudad no **resultaba** fácil. Yo **estudié / estudiaba** en un colegio de monjas hasta los siete años. En ese momento mis padres fueron a trabajar al centro de Barcelona y **nos mudamos** a otro barrio diferente. Allí **seguí / seguía** algunos cursos en una escuela de música y **conocí** a mi maestro, el profesor Reinaldos, un joven talento que **adoraba** la música clásica. Desde el principio **nació** entre nosotros una bonita amistad que **ha durado** hasta hoy. Todos los días mi profesor **escuchaba** con atención y mimo mis progresos con el piano y **criticaba** mis equivocaciones. Un día, mientras **tocábamos** juntos, **descubrimos** que **podíamos** formar un gran dúo. Desde entonces **hemos recorrido** todo el mundo y nuestra vida **ha sido** la música.

3.

Posibles respuestas

Dibujo 1: Lleva unas sandalias, una mochila y una cadena muy grande en el cuello. El hombre es alto y delgado.

Dibujo 2: Lleva un traje, unas gafas de sol, una corbata y una gabardina. En la mano lleva un paraguas. Es bajo y está calvo.

Dibujo 3: Lleva unas medias con dibujos y un broche en la chaqueta. Es muy guapa.

Dibujo 4: Uno de los hombres lleva un chándal y unas deportivas. El otro lleva unos pantalones vaqueros y una camiseta de tirantes. Los dos están muy gordos.

4.

T	B	L	A	N	C	O	C
S	H	X	S	T	K	Ñ	E
A	Z	U	L	C	B	J	P
D	B	U	E	Y	L	K	O
R	O	S	A	D	U	J	B
D	D	D	A	D	S	D	R
A	M	O	R	D	A	J	E
A	S	B	D	E	T	N	I
I	A	B	O	C	O	U	A
A	L	T	O	N	N	M	A
A	A	A	D	I	I	M	S
N	T	M	A	R	C	R	R
T	M	E	G	N	P	I	I
P	I	A	E	I	D	C	S
F	L	O	R	O	A	O	A

5.

1. Ernesto **iba** tan tranquilo por la calle y, de repente, **oyó** que lo llamaban desde un coche.

2. Cuando **llegamos** a Segovia, **buscamos** una oficina de información.

3. Como **gritaban** en el piso de al lado, **fui** a ver lo que ocurría.

4. **Tenía** mucho sueño, así que **me fui** a la cama.

5. Al salir de casa, **cayó / caía** una gran nevada.

6. No **denunció** el robo en la comisaría porque **estaba** muy asustada.

7. Como no **tenía** un cinturón marrón, **me compré** uno.

8. Esta mañana, cuando **amanecía,** la policía **ha atrapado** a dos hombres que **intentaban** robar un coche.

9. Cuando **estudiaba** en Madrid nunca **visité** el Congreso de los Diputados.

10. Juan y Pedro **subían** en el ascensor y, entonces, **se averió**

11. No **teníamos** ninguna bebida, por eso **pasamos** mucha sed.

12. Este verano, como los vuelos a Cancún **eran** muy baratos, **decidí** tomarme dos semanas de vacaciones.

13. Juana **iba** distraída y **atravesó** la carretera con el semáforo en rojo.

6.

chaquetón, chándal, camiseta, gabardina, calcetines, calzoncillos, medias, corbata, falda, sujetador, pareo, zapatos, zapatillas, sandalias, botas, mocasines, deportivas, pulsera, sortija, cadena, anillo, gafas

ropa de hombre	ropa de mujer	complementos	calzado
chaquetón chándal camiseta gabardina calcetines calzoncillos corbata	chaquetón chándal camiseta gabardina calcetines medias falda sujetador pareo	pulsera sortija cadena anillo gafas	zapatos zapatillas sandalias botas mocasines deportivas

7.

Yo **me instalé** en una casa cercana a la glorieta de Colón, donde **estaba** la Academia. Una señora que **parecía** viuda, **alojaba** en su hermoso piso a seis muchachas estudiantes de distintas edades. **Era** un pequeño internado que **tenía** unas normas claras y unos horarios fijos para las comidas y el regreso de la noche.

Mis compañeras **venían** todas de fuera, de ciudades o pueblos más o menos lejanos. La confianza de sus padres en doña Luisa **era** total y ella **ejercía** como cabeza de familia. Todas las noches **solíamos** cenar temprano y, después, siempre **había** un rato de charla y diversión en el salón, con la presencia constante de nuestra tutora, que **entraba** y **salía** con cualquier pretexto. Nosotras **reíamos, nos contábamos** historias, **comentábamos** sobre los profesores y los compañeros, **nos prestábamos** libros, trajes, revistas. Los domingos **salíamos** al cine o a pasear, pero siempre **volvíamos** pronto. Pero una vez **llegó** la noche y una de las chicas no **apareció.** Doña Luisa **estaba** nerviosísima, nos **reunió** a todas y nos **preguntó:** "¿Vosotras **habéis visto** a Carlota en algún lugar?, ¿alguien sabe con quién **ha salido** esta tarde?". A mí me **asustó** comprobar que nadie **conocía** a Carlota. A las once de la noche doña Luisa **llamó** a la policía. A las doce **envió** a los padres un mensaje telegráfico. A las tres de la mañana la policía **informó** a doña Luisa de que Carlota **se encontraba** en un hospital. Según algunos testigos, Carlota **sufrió / había sufrido** un desmayo porque un coche la **había atropellado.** No **fue / era** nada impor-

tante. Doña Luisa **respiró** aliviada y **exclamó:** "Gracias a Dios, no **ha sido** nada".

8.

1. porque	6. haber
2. hecho	7. Por qué, porque
3. A ver	8. A ver
4. porque	9. echo
5. hecho	10. por qué

9.

Posibles respuestas

1.

Anoche, a las 11.00 h, un avión con 145 pasajeros **despegó** del aeropuerto de Torrejón de Ardoz. El viento no **era** fuerte y no **había** niebla. De repente, el piloto **realizó** una maniobra brusca y entonces el avión **descendió** 200 metros. Todos los pasajeros **tenían** mucho miedo. Las azafatas **intentaron** en todo momento calmarlos. Al final, todo **fue** un juego de la tripulación. **Era** 28 de diciembre y en España **celebrábamos** el Día de los Santos Inocentes.

2.

El viernes 17 de julio a las 10.00 h de la mañana, un ladrón **entró** en el Banco Jacobo. **Estaba** acompañado por dos hombres más que lo **esperaban** en la puerta del banco. De pronto, **apuntó** con una pistola a uno de los empleados y **pidió** todo el dinero que **había** en la caja fuerte. Cuando los guardias de seguridad **se dieron cuenta** de que se **estaba cometiendo** un robo, **entraron** en el banco y **comenzaron** a disparar. Entonces **hirieron** al atracador en una pierna. Cuando sus compañeros **oyeron** los disparos, **huyeron,** y todo el mundo **pudo** respirar tranquilo.

10.

Respuesta libre.

11.

adverbios de modo	adverbios de tiempo	adverbios de lugar	adverbios de cantidad
regular, bien, mal, así, despacio	siempre, hoy, tarde, mañana, anteayer, antes, ayer, ahora, pronto	aquí, allí, lejos, cerca	mucho, poco, bastante, demasiado

• Respuesta libre.

1.

Mi primera estancia en Casablanca **comenzó** en 1987. **Acababa** de terminar el instituto y **era** el viaje de fin de curso. **Fuimos** un total de 35 compañeros. Todos **éramos** amigos y **nos conocíamos** muy bien. Durante los cinco días que **duró** el viaje **hicimos** muchas cosas. **Comenzábamos** todos los días de la misma forma: la camarera del hotel siempre nos **despertaba** a las 7.30 h y nosotros **respondíamos** con un "sí, ya vamos", pero inmediatamente **nos volvíamos** a dormir. Después de tomar un zumo de naranja, algunas frutas y un gran vaso de leche, **nos preparábamos** para la excursión que nuestro guía ya **había organizado** la noche anterior. A mí me **gustaba** sentarme en el primer asiento del autobús. Desde ahí **divisaba** los pequeños mercados callejeros de los que mi padre me **había hablado** muchas veces.

Esta primera visita, como ya **he dicho,** duró cinco días. Después **he ido** otras tres veces y siempre **he vuelto** enamorada de esta ciudad mágica.

2.

Posibles respuestas

Lorenzo **quería** conocer la playa de Las Brujas, pero como esta playa **estaba** lejos de su pueblo y él no **conducía** ni **tenía** dinero para ir en autobús, **hizo** autostop. **Hacía** frío y **llovía** un poco. Al principio nadie **se paró,** pero después de dos horas **pasó** un camionero. **Era** un hombre amable que **iba** a un pueblo que **estaba** cerca de la playa que Lorenzo **buscaba,** y entonces Lorenzo **subió** al camión. De repente, la rueda del camión **se pinchó** y Lorenzo **tuvo** que buscar otro medio de transporte; **volvió** a la carretera y **siguió** haciendo autostop. Lorenzo **estaba** cansado porque desde que **salió** de casa, hacía cinco horas, solamente **había recorrido** veinte kilómetros. Entonces **se dirigió** a una gasolinera. Allí **pidió** un vaso de agua muy fría y **conoció** a una mujer que **iba** a la misma playa a la que él **quería** ir.

Cuando **subió** al descapotable de la mujer **se sintió** muy feliz. No **podía** creer la suerte que **había tenido / tenía.** Al llegar a la playa, Lorenzo **miró** a su alrededor y **comprendió** que **se habían equivocado.** La playa a la que **habían llegado** no **se llamaba** Las Brujas. Sus nombres **se parecían,** pero ellos **estaban** en la playa de Las Brumas.

3.

velero: barco de vela que se mueve empujado por el viento.

helicóptero: vehículo que se eleva en el aire gracias a una hélice movida por un motor.

barca: barco pequeño.

talgo: un tipo de tren muy rápido y cómodo.

monopatín: tabla de madera con ruedas sobre la que se patina apoyándose en los pies.

motora: barco de pequeño tamaño movido por un motor.

avioneta: avión pequeño.

globo: aparato que se eleva formado por una especie de bolsa hinchada con aire.

bote: embarcación pequeña, sin cubierta y con unas tablas atravesadas que sirven de asiento.

4.

Relato de Pepe:

Llegamos al aeropuerto de San Juan de Puerto Rico a las 2.45 h de la madrugada. **Estaba** muy cansado. Pepe también **estaba** muerto y me lo **repetía** constantemente. **Tomamos** un taxi y nos **llevó** al hotel Islas Verdes. **Era** un hotel lujoso que **había** en el Viejo San Juan. Paco no **creía** lo que **estaba viendo.** Todo le **parecía** maravilloso y **estaba** muy contento. Después de dormir ocho horas y de tomar un rico desayuno, **alquilamos** un coche, y durante cinco días **recorrimos** la isla. Antes de ir a Puerto Rico mucha gente me **había hablado** del lugar, pero nunca **había imaginado** las maravillas que este lugar nos **ofreció.**

Relato de Paco:

Después de dos horas de retraso **llegamos** por fin a México, Distrito Federal. **Era** de noche y el tráfico en la ciudad **era** terrible. **Había** luces por todos los sitios y me **parecía** increíble estar allí. **Era** la ciudad de mis sueños desde que **tenía** 15 años. Después de descansar en casa de unos amigos, **fuimos** a las pirámides de Tehotihuacán. Todo **era** muy bonito y la gente **era** amabilísima. Este viaje siempre me lo **había recomendado** mi compañero de trabajo. Él conoce muy bien México porque su madre es mexicana. El viaje **duró** una semana completa y **visitamos** todos los monumentos de interés.

5.

Respuesta libre.

6.

Respuesta libre.

7.

Posibles respuestas

1.
   a) Me baño en la playa porque hace mucho calor.
   b) Hace mucho calor, así que me baño en la playa.
2.
   a) Como tengo miedo al barco, prefiero viajar en avión.
   b) Tengo miedo al barco, así que prefiero viajar en avión.
3.
   a) Sólo como verduras. Es que soy vegetariano.
   b) Soy vegetariano, por eso como sólo verduras.
4.
   a) Me quedé en casa y alquilé una película porque llovía.
   b) Llovía, entonces me quedé en casa y alquilé una película.
5.
   a) He puesto una reclamación. Es que me han perdido mis maletas.
   b) Me han perdido mis maletas, así que he puesto una reclamación.

6.
   a) Odio los viajes organizados porque siempre hay que esperar a todo el mundo.
   b) Siempre hay que esperar a todo el mundo, por eso odio los viajes organizados.

7.
   a) He utilizado el metro para ir al trabajo porque mi coche está estropeado desde el jueves.
   b) Mi coche está estropeado desde el jueves, por eso he utilizado el metro para ir al trabajo.

8.
   a) Como me gusta la aventura, quiero hacer una ruta en bicicleta por el valle de Arán.
   b) Me gusta la aventura, así que quiero hacer una ruta en bicicleta por el valle de Arán.

9.
   a) Silvia está muy feliz porque ha tenido mellizos.
   b) Silvia ha tenido mellizos, y entonces está muy feliz.

10.
   a) Mis compañeras llamaron al médico. Es que tenía mucha fiebre.
   b) Tenía mucha fiebre, por eso mis compañeras llamaron al médico.

8.

Posibles respuestas

1. En España hace mucho calor en verano, por eso prefiero tomar unos días de descanso en agosto.

2. El guía no ha venido, así que no hemos visitado el Palacio Real.

3. El vuelo de Nueva York ha llegado con siete horas de retraso, por eso estoy hecha polvo.

4. Me gusta mucho el mar, por eso me he comprado una casa en la playa.

5. No conozco el norte de España, así que me he alquilado una casa en Cantabria.

6. Tengo una cita muy especial, por eso voy a la peluquería esta tarde.

7. Está enfadado conmigo, por eso Pedro no me habla.

8. Carlos y Pili fueron a Marruecos el año pasado, por eso este año han decidido ir al Caribe.

9. Se ha estropeado la calefacción, así que hace mucho frío en mi apartamento.

10. Carmen no me llama, por eso me voy.

11. El aire acondicionado no funcionaba y pasé una noche terrible, así que jamás volveré al hotel del que me habías hablado.

12. El avión me da pánico, por eso viajo siempre en tren.

13. A mi hija le encantan los animales, así que vive en el campo.

9.

Posibles respuestas

1. Me acosté sin cenar porque no tenía hambre.
2. Rocío se fue de la fiesta. Es que le dolía la cabeza.
3. Hice un pastel de chocolate porque el domingo por la tarde me sentía sola.
4. Como no conocía tu dirección, llamé a Rosa para pedírsela.
5. Salí a buscar a Alberto. Es que no entró.
6. No quería ver a nadie porque tenía mucha fiebre.
7. Decidí quedarme en casa porque llovía mucho.
8. Como mi coche no funcionaba, lo llevé al mecánico.
9. Compré unos pantalones porque no encontré una falda larga.
10. No he preparado la comida. Es que tenía muchas cosas que hacer.
11. Como Pepa quiere un oso de peluche para su cumpleaños, le compraremos uno.

10.

1. Si no	7. A donde
2. a donde	8. medio día
3. mediodía	9. Si no
4. También	10. tan bien
5. sino	11. adonde
6. también	

11.

1. famosísimo	7. óptimo / buenísimo
2. estupidísimo	8. comodísimo
3. pésimo / malísimo	9. tranquilísimo
4. sensibilísimo	10. máximo / grandísimo
5. dulcísimo	11. agradabilísimo
6. nobilísimo	12. mínimo / pequeñísimo

• Respuesta libre.

12.

1. ¿Quién es?
2. ¿Cuántos medios de transporte has utilizado?
3. ¿Cuántas hermanas tienes?
4. ¿Qué es tu madre? / ¿A qué se dedica tu madre?
5. ¿De qué color es tu bolso? / ¿Cómo es tu bolso?
6. ¿Quiénes vienen a cenar?
7. ¿Qué estás haciendo?
8. ¿Quién es tu hermana?
9. ¿Quiénes han roto el jarrón? / ¿Qué han roto Laura y Virginia?
10. ¿Qué estás cocinando?
11. ¿Cuántas personas caben en el cine?
12. ¿Cuántos kilos de patatas has comprado? / ¿Qué has comprado?

I.

1. Se puso gordo.
2. Se hizo periodista.
3. Se ha convertido en una persona famosa.
4. Llegó a ser una buena persona.
5. Se ha vuelto bastante excéntrico.

2.

lío	petición de mano
adulterio	despedida de soltero
acostarse	**engaño**
monotonía	ceremonia
pulsera	ganancias
anillo de brillantes	fama
portada	líder
reloj de oro	**excéntrico**
enlace	nacer
boda	estudiar
ceremonia	**volverse**
traición	morir

3.

1. Una rama de árbol es diferente.
2. En uno de los dibujos, detrás de un seto, se ven unos ojos.
3. En uno de los dibujos se ve una pulsera en el suelo, al lado de la pareja.
4. En los dos dibujos se ve una revista en el suelo, pero la portada es diferente.
5. El objetivo de la cámara del *paparazzi* es diferente.
6. La chica de uno de los dibujos no lleva la parte superior del biquini.
7. El hombre lleva una camiseta con bolsillo en uno de los dibujos.
8. En el árbol donde está el *paparazzi* hay un nido en uno de los dibujos.

4.

Respuesta libre.

5.

1. Sueño **con** comprarme un Rolls.
2. Nos empeñamos **en** sacar adelante el trabajo.
3. No hago otra cosa que pensar **en** ti.
4. Pasaron **por** Madrid y se perdieron.
5. Se aficionó **a** las biografías.
6. Fue **a** La Coruña para entrevistarse **con** el presidente.
7. Se casó **con** una mujer a la que prácticamente no conocía.
8. Mis amigos me invitaron **a** su casa.
9. Antes de visitar Granada, habían pasado **por** Sevilla.
10. Confiaba **en** su marido y éste la engañó.

6.

7.

1. En el verano del pasado año.
2. No, nació con el cordón umbilical rodeándole el cuello.
3. Tardó unos días en recuperarse.
4. Sí.
5. Se restableció totalmente a los pocos meses.
6. Durante los primeros momentos fue duro.
7. En la pizzería donde los dos trabajaban.
8. Él era cocinero y ella cajera.
9. Se ha hecho actor famoso.
10. Duró diez años.
11. Porque no venía por medios naturales.

8.

Escribió su primera obra, *La verdad sobre el caso Savolta,* los 26 años de edad. No la **dio** a publicar hasta 1973. Apare ció por fin en 1975. El manuscrito **tardó / había tardado** dos años en ver la luz y **se convirtió** enseguida en una de las mejores obras de la narrativa española. En 1975 **surgió** este título, que lo consagraría definitivamente. **Era** una novela ambientada en Barcelona. Antes **había escrito** *El misterio de la cripta embrujada* y *El laberinto de las aceitunas.*

9.

La hija de Gary Cooper, Maria Cooper habla sobre su padre

Vi a mi padre por primera vez en la película *Bufalo Bill.* Yo **tenía** seis años y **fue** en una fiesta de cumpleaños en mi casa. El rato en que me **sentí** peor **fue** cuando a él lo **torturaban** los indios. Ellos lo **habían capturado** y después le **mataban / mataron.** Realmente aquello me **puso** nerviosa. **Sabía** que las películas **eran** ficción; pero, de repente, vi a mi padre allí arriba..., entonces **volví** la cabeza y él **estaba** tras el proyector; simplemente me **sonrió** y me **guiñó** un ojo. Eso **resolvió** el problema.

0.

Lo **conoció** cuando **era** joven todavía,

y **se casó** de traje blanco y por la iglesia,

y **se cansó** a los cuatro días de mirarlo,

y **se fue** armando poco a poco de paciencia.

Y en el espejo **se preguntaba** si en verdad **era** feliz,

y **se empeñaba** en ensayar una sonrisa para él

para tratar de conquistarlo un día más.

Estaban solos. Entre los dos no **se cruzaba** una palabra.
Ella **leía** en su rincón y él **se dormía** en su sillón
mientras **cantaba** un gorrión en el jardín.

Son veinte años junto a él, quién lo diría,
y se han dormido en el jardín las primaveras,
pero no hay tiempo de pensar. Se le **hizo** tarde.
Ya hay cuatro niños que regresan de la escuela.

II.

Respuesta libre.

ámbito 2

1. Anoche **estaba** tan cansada que en cuanto **me metí** en la cama **me quedé** dormida.
2. **He cambiado** de opinión y quiero un vaso de leche.
3. Ayer **me enteré** de que **te habías casado** la primavera pasada.
4. ¿Cuándo **tenías** 20 años **visitaste** alguna vez las pirámides de Egipto?
   No, porque las **había visitado** cuando **era** más pequeña.
5. Hace tres años que **regresó** a Granada y no **hemos tenido** noticias suyas desde entonces.
6. Cada vez que **se ponía** las gafas de sol no **veía** a nadie.
7. Mi hija **ha crecido** mucho en poco tiempo. Ya no le sirve la ropa que le **compré** el invierno pasado.
8. Cuando **vivíamos** en Cádiz **conocimos** al poeta Rafael Alberti.
9. Este año **han viajado** mucho, pero el año pasado **viajaron** poquísimo.
10. Ya conozco la nota del examen y **he suspendido.** ¡No me extraña! Aquel día no **pude** recordar nada.
11. Ana todavía no **se ha despertado.** Eso es porque no **ha oído** el despertador.
12. **Me he enfadado** con Raquel porque no **ha hecho** su trabajo correctamente.
13. **Estaba preparando** el café y **explotó / ha explotado** la cafetera.
14. El año pasado me **robaron** el coche y desde entonces no **he parado** de buscarlo.
15. Esta mañana **he recibido** tantas llamadas que **he descolgado** el teléfono.

Miguel Induráin Larraya **nació** el 16 de julio de 1964 en Villava, un pueblo cercano a Pamplona. Sus familiares dicen que Miguel **era** un niño simpático al que le **gustaba** estar jugando con una bicicleta. 1984 **fue** una fecha clave para su carrera deportiva: **participó** en los Juegos Olímpicos, **acudió** al Tour del Porvenir y **ganó** su primera etapa contrarreloj. Un año más tarde **corrió** por primera vez en el Tour de Francia e **inició** un larguísimo plan de formación, a la sombra del que entonces **era** el mejor ciclista español, Pedro Delgado. En 1989 **ganó** su primera etapa y en 1990 **se convirtió** en el hombre de confianza de sus compañeros de equipo. **Ga-**nó en la durísima llegada de Luz Ardiden y **fue** décimo en la clasificación general final, pero **dio** claramente la impresión de que **había sido** el hombre más fuerte de la carrera. Fue en 1991 cuando Induráin **ganó** su primer Tour y su condición de líder **se reafirmó** en la selección española de ciclismo, con la que ese año **logró** la medalla de bronce en el Campeonato del Mundo de fondo en carretera, disputado en Stuttgart (Alemania). En 1992 Induráin **volvió** a ganar el Tour. Esa misma temporada **se impuso** también en el Giro de Italia, convirtiéndose en el sexto ciclista de la historia que **había logrado** ese doblete. En 1993 **repitió** triunfos en el Giro y en el Tour, y **logró** una nueva medalla, esta vez de plata, en la prueba en ruta del Campeonato del Mundo. En 1994 **ganó** el Tour, **fue** tercero en el Giro y **batió** el récord de la hora. En 1995 **conquistó** el quinto Tour y otras pruebas de gran prestigio, como la Midi Libre y la Dauphiné Libéré. Su palmarés **se completó** en 1996, año en el que lo **seleccionaron** para competir en los Juegos Olímpicos de Atlanta, donde **logró** la medalla de oro en la prueba contrarreloj en una apasionante competición. El 2 de enero de 1997 Miguel Induráin **anunció** públicamente su decisión de abandonar el ciclismo profesional activo. El historial deportivo de Induráin lo **ha hecho** merecedor de innumerables galardones, entre los cuales, por su especial importancia, destacan la Gran Cruz al Mérito Deportivo y el Premio Príncipe de Asturias de Deportes.

3.

Mi colegio **estaba** en una ciudad muy vieja, que **vi** al llegar de la estación desde el coche en el que **venía** con mi padre. **Subimos** por calles empinadas y estrechas, **entramos** por la puerta del castillo del conde de Rocafuerte y **llegamos** al colegio. Allí nos **esperaba** la directora del internado, que nos **recibió** con un frío abrazo y unas galletas de vainilla. Yo **estaba** muerta de frío y **pensaba** en mi mamá, mi hermano, el caballo de madera... Papá **se marchó** después de besarme en la mejilla y hacerme más de mil recomendaciones. Doña Paula **despidió** a mi padre, me **cogió** de la mano y me **llevó** a mi habitación. Mi cuarto **estaba** al final de un largo pasillo y **olía** a una fuerte humedad. Doña Paula me **dijo:** "Buenas noches", y yo le **respondí:** "Hasta mañana". Al día siguiente **conocí** al resto de mis compañeras de curso y **comenzó** mi vida en el colegio.

Recuerdo que todas las tardes **cosíamos** en una sala grande alrededor de una mesa camilla con un brasero dentro, que doña Paula **removía** de vez en cuando. A las cinco y media **preparábamos** el chocolate y después de tomarlo **rezábamos** el rosario. Luego **decía** doña Paula: "Santas buenas noches", y todas **nos quedábamos** quietas y a oscuras un ratito. Éste **era** el momento en el que yo **contaba** mis aventuras y todas me **escuchaban** en silencio. Nunca había sentido tanta emoción y nunca mis historias inventadas habían tenido tanto público.

Elena Fortún, *Celia y sus amigos* (texto adaptado).

4.

1.

> Gana el Atlético en su campo
> Anoche el Atlético de Madrid **ganó** al Deportivo Torreperogil por 1-0. El gran gol de Curro dio la victoria a un Atlético luchador y bien organizado. Cuando **acabó** el partido, su entrenador **declaró** que el Deportivo Torreperogil había jugado bien pero que **había cometido** muchos errores. Los jugadores del Atlético **estaban** muy contentos al final del partido y reconocieron a la prensa que el mejor jugador del partido **había sido** el portero del equipo.

2.

> Un nuevo premio para la pintora valenciana Susana Vázquez
> A sus 62 años, Susana Vázquez **recibió** la noche pasada en Santander la Medalla de Oro de las Artes por su trayectoria profesional. El acto **se celebró** en el hotel La Muralla y asistieron más de cien invitados. Unas horas antes la pintora valenciana **había llegado** al hotel procedente de París y acompañada por su hijo mayor. Como todos saben, Susana Vázquez **nació** en Jaén el 20 de noviembre de 1937. A los 10 años **se trasladó** con su familia a Madrid y pronto **conoció** a los artistas más importantes del momento.

5.

Juan José Alonso Checa es el primer español que ha dado la vuelta al mundo en bicicleta. Lo **ha hecho** en la dirección de las agujas del reloj y **ha tardado** dos años. Todo **comenzó** en el verano de 1990, cuando Juan José **tenía** 30 años. Entonces **acondicionó** una bicicleta para aguantar el largo viaje y le **acopló** unas maletas pequeñas. Antes de comenzar su aventura ya **había realizado** otros trayectos, pero menos largos. La afición por la bicicleta **empezó** cuando a los 14 años **salía** al monte con sus amigos todos los fines de semana. **Solían** recorrer una media de 30 kilómetros y durante el trayecto nunca **se bajaban** de la bicicleta.

El escritor Enrique Sandoval **nació** en Barcelona en 1964. **Comenzó** su carrera profesional haciendo críticas de películas en el periódico *Mundo Semanal* y pronto **descubri** que su verdadera vocación **era** la de escritor de novelas po liciacas. Su primera novela, *La noche del miedo*, **consiguió** premio Página en Blanco de literatura juvenil; con ella Enriqu Sandoval **saltó** a la fama. Desde entonces **ha publicado** otras novelas: *Solos en la oscuridad, Manos frías, Alguien llama tu puerta...* Esta mañana la Academia Francesa le **ha otorga do** el Premio Legión de Honor de Literatura.

6.

El año pasado mis amigos y yo **fuimos** de vacaciones a Malt Durante cuatro meses **habíamos estado** planeando el viaje Nosotros **fuimos** a una agencia de viajes para arreglar los de talles del viaje. La empleada nos **dio** un catálogo que **tenía** lo hoteles y los lugares de interés. Ella también nos **enseñó** foto grafías del hotel y de las playas. El precio del hotel no **era** mu alto, todo **era** muy elegante, por eso **decidimos** ir allí. El viaj **costó** 120.000 pesetas, **fue / era** muy barato. Al llegar al aero puerto de Malta, **estábamos** muy contentos. Nosotros **fui mos** al hotel para empezar nuestras vacaciones. Cuando **llega mos, nos enfadamos** mucho porque el hotel no **era** el mismo de las fotos: el aire acondicionado no **funcionaba**, el as censor **estaba** estropeado y no **había** agua caliente. **Decidi mos** poner una queja y **nos marchamos** a otro hotel cerca no. Al regresar a España, **fuimos** a la agencia de viajes y **no quejamos** a la empleada, le dijimos que en el hotel **habíamo puesto** una reclamación, pero ellos no nos **habían hecho** nin gún caso. Al final **conseguimos** que nos devolviera un 10% d precio del viaje.

7.

Cuando estaba estudiando en Zaragoza, compartía mi apa tamento con dos amigos de la facultad y yo era un auténtic desastre. Un día decidí preparar la cena y dar una sorpresa mis compañeros. Entonces compré un pollo y lo metí en horno. En ese momento recordé que en la televisión ya hab comenzado mi programa favorito. Me puse a ver la televisió y olvidé el pollo. Como había descansado poco la noche an terior, me dormí en el sofá; estuve durmiendo tres hora Cuando mis amigos llegaron a casa, había mucho humo en apartamento y yo estaba frito en el sofá.

8.

1. llavero	7. esguince
2. exactitud	8. llaga
3. proyecto	9. exploración
4. bueyes	10. inyección
5. estratégicos	11. exhibición
6. llorón	12. llovizna

9.

1. **Se ha dormido / se durmió** cuando **anochecía**.
2. Cuando el jurado **concedió** el premio a Miguel Gutiérre el poeta ya **había fallecido**.
3. Hace tres meses que **tuve** el accidente y todavía no **m he recuperado**.

4. Mis padres **han llegado / llegaron** a la fiesta dos horas después de acabarse.

5. Siempre que **veía** a Juan le **contaba** mis problemas.

6. Nuria no **ha venido** a trabajar en toda la semana.

7. Las películas de ahora son muy aburridas, pero las de antes **eran** más interesantes.

8. Isabel **se casó** en 1997 y tres años después **tuvo** su primer hijo.

9. Cada vez que él nos **llamaba,** nos **pedía** las llaves del coche.

10. El avión **se estrelló / se ha estrellado** porque **había** mucha niebla y el piloto **había perdido** el control del aparato.

11. **Llegué** a la estación cuando el autobús **se iba / se había ido.**

12. No me **ha llamado** porque **ha perdido** mi número de teléfono.

13. Carolina **ha roto / rompió** un vaso mientras **fregaba** los cacharros.

14. No sé dónde **he puesto** mi cartera.

15. Cuando **viajaba** en avión **solía** tomar unas pastillas para dormirme.

10.

BELLEZA

Cabello brillante y con volumen

Hace dos meses **mezclamos** en un recipiente té verde, laca y agua fría a partes iguales. A continuación, **echamos** el líquido resultante en un frasco pulverizador y **nos rociamos** con él el cabello después de lavarnos la cabeza. El resultado **fue** espectacular, pues **conseguimos** un cabello brillante y con mucho volumen. Con anterioridad **habíamos seguido** otros consejos, pero hasta ese momento no **habíamos obtenido** ningún resultado eficaz.

Cutis siempre suave

Cuando mi abuela **tenía** cuarenta años tenía un cutis excelente porque todas las mañanas **tomaba** en ayunas un vaso de zumo de limón con agua caliente. Como **era** constante y **tenía** paciencia, su cutis siempre **estaba** suave y todo el mundo **quería** conocer su secreto de belleza.

LIMPIEZA

Adiós a la grasa

Alberto me **ha dicho** que **ha conseguido** eliminar la grasa de sus muebles de cocina. La semana pasada los **limpió** frotando la superficie con medio limón. A continuación, lo **dejó** actuar durante quince minutos y después **pasó** un paño mojado en agua caliente. Para terminar, **secó** todos los muebles con un trapo de algodón.

ANIMALES

El mejor tenor

El mes pasado **estaba** muy preocupada porque mi canario **había dejado** de cantar. Rápidamente **llamé** al veterinario y **seguí** sus consejos. Todas las mañanas le **ponía** en su comedero una mezcla de pan muy triturado con una yema de huevo batida. En poco tiempo **recuperó** su preciado canto y hasta hoy no **ha parado** de cantar.

COCINA

Filetes jugosos

Anoche **preparé** unos filetes de ternera que **estaban** muy ricos y sabrosos. **Seguí** la siguiente receta: primero **puse** los filetes en una sartén con un poco de aceite, les **di** una pasada y los **saqué** rápidamente. A continuación, y sin perder mucho tiempo, **rehogué** unos ajos picados y **volví** a echar los filetes en la sartén hasta que todo **se quedó** muy doradito. Mis hijos los **probaron** y **notaron** la diferencia.

11.

1. Había demasiados coches en el paseo de la Castellana. ¡Menudo **atasco** se montó! Todos los coches tocando el **claxon.**

2. Sí, de acuerdo, tu **perro** es un animal muy fiel y ahora comprendo por qué dicen de él que es el mejor amigo del hombre; pero a mí con sus **ladridos** no me deja dormir.

3. Cortó los **barrotes** de la cárcel con una **lima** que le habían introducido en un bocadillo.

4. Pedro ha estado muy enfermo. Se lo tuvieron que llevar rápidamente al hospital; vino una **ambulancia** a recogerlo, con **sirena** y todo.

5. El **búho** es un ave nocturna, cuyos ojos, muy redondos, brillan en la oscuridad.

6. Ya sé que te gusta mucho esa canción; pero con tus **silbidos** no me dejas estudiar.

7. Cierra la puerta y echa el **cerrojo.**

8. Esa puerta hace un ruido muy desagradable. Échale aceite para que deje de **chirriar.**

9. No he podido dormir casi nada. Primero el ruido de la **tormenta,** con sus **truenos** y relámpagos, y después ese maldito **viento** que no dejaba de soplar.

12.

En la mitología griega la guerra de Troya **es** una guerra que **inician** los griegos contra la ciudad de Troya. La leyenda **se basa** en hechos verídicos y en episodios de una guerra real. Modernas excavaciones arqueológicas **revelan** que Troya **es destruida** por el fuego a principios del siglo XII a. C., y que la guerra **estalla** por el deseo de saquear esa rica ciudad. Los relatos legendarios sobre la guerra **remontan** su origen a una manzana de oro, dedicada a "la más bella", que **lanza** Eris, diosa de la discordia, entre los invitados celestiales a las bodas de Peleo y Tetis. La entrega de la manzana a Afrodita, diosa del amor, por parte de Paris, hijo de Príamo, rey de Troya, **asegura** a Paris el favor de la diosa y el amor de la hermosa Helena, mujer de Menelao, rey de Esparta. Helena **se va** con Paris a Troya y como consecuencia **se organiza** una expedición de castigo al mando de Agamenón, rey de Micenas, para vengar la afrenta hecha a Menelao. El ejército de Agamenón **incluye** a muchos héroes griegos célebres, como Aquiles, Patroclo, Áyax, Teucro, Néstor, Odiseo y Diomedes. Como los troyanos **se niegan** a devolver a Helena a Menelao, los guerreros griegos **se reúnen** en la bahía de Áulide y **avanzan** hacia Troya en mil naves. El sitio **dura** diez años y los nueve primeros **transcurren** sin mayores incidentes. En el décimo año, Aquiles **se retira** de la batalla por un altercado que **tiene** con Agamenón. Para vengar la muerte de su amigo Patroclo, Aquiles **retoma** la lucha y **mata** a Héctor, el principal guerrero troyano. La ciudad de Troya **es tomada** finalmente gracias a una traición. Un grupo de guerreros griegos **consigue** entrar en la ciudad ocultándose en el interior de un gran caballo de madera: el famoso Caballo de Troya. A continuación, los griegos **saquean** y **queman** la ciudad. Sólo **escapan** unos pocos troyanos; el más conocido de ellos, Eneas, **conduce** a los demás supervivientes hacia la actual Italia.

13.

Según la mitología griega, el Caballo de Troya **fue** un ardid de los griegos con el que éstos **consiguieron** vencer a los troyanos en la conocida guerra de Troya. El caballo **era** de madera, **tenía** más de 50 metros de altura y **estaba** hueco por dentro. Los griegos **emplearon** este caballo gigante para conseguir entrar en la ciudad que **asediaban** desde **hacía** más de 10 años, y así **consiguieron** terminar con una guerra que **había comenzado** por amor. Como los griegos **eran** incapaces de capturar la ciudad después de tantos meses y días de asedio, **recurrieron** a una estratagema: **construyeron** un caballo, **metieron** dentro de él a guerreros armados y lo **abandonaron** en la playa antes de zarpar en sus barcos. Sinón, que **era** un espía griego y que **vivía** en la ciudad de Troya, **convenció** a los troyanos para que metieran el caballo, diciéndoles que **era** un regalo que Poseidón les **había enviado.** Por la noche, Sinón **dejó** salir a los soldados griegos, que **estaban** fuertemente armados, y éstos **mataron** a los guardianes y **abrieron** las puertas al resto del ejército, y así los griegos **capturaron** e **incendiaron** la ciudad de Troya. La leyenda siempre **ha reconocido** que el ardid del caballo **fue** una astucia del héroe Odiseo.

L E C C I Ó N 6
á m b i t o 1

1.

	yo	tú	el	nosotros	vosotros	ellos
hacer	haré	harás	hará	haremos	haréis	harán
poner	pondré	pondrás	pondrá	pondremos	pondréis	pondrán
saber	sabré	sabrás	sabrá	sabremos	sabréis	sabrán
salir	saldré	saldrás	saldrá	saldremos	saldréis	saldrán
tener	tendré	tendrás	tendrá	tendremos	tendréis	tendrán
venir	vendré	vendrás	vendrá	vendremos	vendréis	vendrán
decir	diré	dirás	dirá	diremos	diréis	dirán
poder	podré	podrás	podrá	podremos	podréis	podrán
querer	querré	querrás	querrá	querremos	querréis	querrán

2.

…Y yo me **iré.** Y **se quedarán** los pájaros cantando;
y **se quedará** mi huerto con su verde árbol,
y con su pozo blanco.
Todas las tardes, el cielo **será** azul y plácido;
y **tocarán,** como esta tarde están tocando,
las campanas del campanario.
Se morirán aquellos que me amaron;
y el pueblo **se hará** nuevo cada año;
y en el rincón aquel de mi huerto florido y encalado,
mi espíritu **errará,** nostálgico…
Y yo me **iré;** y **estaré** solo, sin hogar, sin árbol
verde, sin pozo blanco,
sin cielo azul y plácido…
y **se quedarán** los pájaros cantando.

Juan Ramón Jiménez, *El viaje definitivo.*

3.

1. contaminación; humo
2. basura; reciclar
3. ecologista; residuos
4. Repoblarán
5. medio ambiente
6. cristal; cartón

4.

Querido diario:

Todo **será** diferente en verano, estoy seguro. Las clases ya **habrán terminado** y entonces **tendré** tiempo para pensar. **Meditaré** despacio sobre lo ocurrido e **intentaré** buscar soluciones. **Podré** hablar con mi amigo Sebastián, pues para esas fechas **habrá regresado** de Portugal y le **pediré** consejo.

5.

1. ¿Quién habrá tirado ahí ese montón de basura?
2. Toma alimentos biológicos. Serán más sanos.
3. Mi hermana come muy poco. Querrá perder peso.
4. El río está contaminado. Habrán vertido residuos.
5. No sé quién habrá dejado tan sucio el jardín de mi calle.
6. Es el momento de hacer balance sobre el anterior gobierno: ¿habrá prestado suficiente atención al problema de la contaminación?
7. Ismael está preocupado. Tendrá algún problema.
8. Han aparecido peces muertos. Un barco habrá ensuciado el agua.
9. Estás cansado. Necesitarás unas vacaciones.
10. La fábrica está vacía. Habrán salido a comer.

6.

Sin embargo, durante la década de los treinta, los científicos nucleares empezaron a calcular por primera vez las reacciones nucleares que tienen lugar en el interior del Sol y otras estrellas. Y hallaron que, aunque el Sol tiene que acabar por enfriarse, **habrá** periodos de fuerte calentamiento antes de ese fin. Una vez consumida la mayor parte del combustible básico, que es el hidrógeno, **empezarán** a desarrollarse otras reacciones nucleares, que **calentarán** el Sol y **harán** que se expanda enormemente. Aunque **emitirá** una cantidad mayor de calor, cada porción de su ahora vastísima superficie **tocará** una fracción mucho más pequeña de ese calor y **será,** por tanto, más fría. El Sol **se convertirá** en una masa gigante roja.

En tales condiciones, es probable que la Tierra se convierta en un ascua y luego se vaporice. En ese momento, la Tierra, como cuerpo planetario sólido, **acabará** sus días. Pero no os preocupéis demasiado: echadle todavía ocho mil millones de años.

Isaac Asimov.

7.

1. Error gramatical en la exclamación del hombre: "Habrá sido de otro planeta". No se trata de una duda y una probabilidad en el pasado reciente, sino de una duda y una probabilidad en el presente, y, por tanto, hay que utilizar el futuro simple **será.**

2. Varios manifestantes llevan una pancarta que dice: "No a la construcción de la central de Garoña". En el dibujo aparece el año 2030 y en el Cuaderno (ejercicio 3) ya se habla de problemas con respecto a esta central.

3. Error gramatical en la respuesta sobre la hora: "Son las siete". Hay que formular la probabilidad sobre la hora con el verbo en futuro simple **serán,** no en presente de indicativo.

4. Error gramatical en la respuesta: "Ha bebido agua del río". Se trata de una duda y una probabilidad en el pasado reciente, y lo correcto es utilizar el futuro compuesto **habrá bebido.**

8.

Posibles respuestas

mudo, mula, muro; pira, pida, pila; moda, mora, mola; oda, hora, ola; hada, ara, ala

9.

ROL	TRE	DAL	**TUM**	BU	CLA	LU	SA
CU	LO	SU	**PRO**	CEL	**COS**	ZA	PA
TA	FAL	SA	**TRAS**	**BRES**	**EL**	TEL	RE
MAR	SEL	**XI**	PRA	TRO	**NUES**	**PA**	FAS
PAR	**NE**	PO	REL	**EN**	**CAM**	A	**EN**
ZAR	**MO**	FA	**BRA**	VAL	RES	DO	**RA**
PLA	CRO	RRA	**SI**	PRI	**SAL**	**BIOS**	LI
LA	PRA	**HA**	**VAR**	DE	ÑAS	PE	JO
ÑU	**EL**	SEL	HAL	**GLO**	UN	IM	NA

En el pró**ximo si**glo **habrá** cam**bios** en **nues**tras **cos**tum**bres** pa**ra salvar** el **pla**ne**ta.**

10.

Respuesta libre.

11.

Respuesta libre.

12.

Las grandes presas empezaron bien; pero en un futuro no muy lejano **terminarán** mal. Imagino que en todo el mundo **hay (habrá)** un movimiento creciente de oposición a ellas. Supongo que en el primer mundo **serán** destruidas. Imagino que no estarán de moda en los próximos años. Desde el punto de vista ecológico, tampoco serán buenas. Creo que a finales de este siglo **provocarán** riadas, inundaciones y salinidad. Imagino que existen cada vez más pruebas sobre la relación entre las presas y los terremotos. En el futuro todo el mundo **sabrá** que las grandes presas hacían lo contrario de lo que afirmaban sus defensores.

13.

Posibles respuestas

1. Voy a dejar de fumar.
2. Pienso comprarme un coche.
3. Mañana salgo de vacaciones.

14.

1. i
2. a
3. g
4. h
5. f
6. c
7. b
8. d
9. e

15.

¿Qué **pasará (duda y probabilidad en el futuro)** en los próximos años? ¿Qué voy a hacer con mi vida? Probablemente **seguiré (duda y probabilidad en el futuro)** haciendo las mismas cosas. No sé si **habrá merecido (duda y probabilidad en el pasado)** la pena tanto esfuerzo por mejorar en lo personal, si todo lo que nos rodea sigue desprotegido. **Será (acción futura)** difícil, pero no imposible, que todo cambie. No **tardaremos (acción futura)** en concienciarnos sobre este tema. Mis inquietudes no **se quedarán (acción futura)** en simples palabras. **Habrá (acción futura)** que dejar un mundo mejor a nuestros hijos.

I.

Sigue los pasos de Velázquez por el Madrid de los Austrias; estamos celebrando el cuarto centenario del nacimiento de Velázquez, autor de *Las Meninas*. **Busca** la sombra en El Retiro, donde la naturaleza aprendió a imitar el arte. **Deja** que la noche pase de largo en las terrazas al aire libre. En ellas se inventó el «dolce far niente». **Elige** un espectáculo: los Veranos de la Villa te ofrecen conciertos, verbenas, recitales, teatro, zarzuela, flamenco y hasta cine al aire libre. Y **ven** en avión, ya sabes que puedes ir del aeropuerto al centro en metro.

2.

1. Marchaos
2. No echen
3. Levantaos
4. Lleva; ve / vete
5. No comáis
6. Sigamos
7. Haz
8. Sal
9. Ve
10. Venid

3.

Posibles respuestas

1. No llegues tarde, por favor.
2. Hable más despacio, por favor, no entiendo bien.
3. Espera un minuto, por favor: he olvidado la maleta.
4. Siéntense, por favor.
5. Escribe / escríbeme.
6. Tráigame la cuenta, por favor.
7. Denme la factura, por favor.
8. Deme la mano.
9. Ayúdame.
10. Ponte el abrigo.

4.

	YO	TÚ	ÉL	NOSOTROS	VOSOTROS	ELLOS
dar	dé	des	dé	demos	deis	den
temer	tema	temas	tema	temamos	temáis	teman
estar	esté	estés	esté	estemos	estéis	estén
conocer	conozca	conozcas	conozca	conozcamos	conozcáis	conozcan
haber	haya	hayas	haya	hayamos	hayáis	hayan
advertir	advierta	adviertas	advierta	advirtamos	advirtáis	adviertan
ir	vaya	vayas	vaya	vayamos	vayáis	vayan
saber	sepa	sepas	sepa	sepamos	sepáis	sepan
ser	sea	seas	sea	seamos	seáis	sean

5.

lugar

Carmen: no lo dice
Pepe: Sierra Nevada
Isabel: Mongolia o el Sahara

tipo de turismo

Carmen: típico
Pepe: rural
Isabel: aventurero

comida

Carmen: muy buena
Pepe: la preparan ellos
Isabel: no muy buena

alojamiento

Carmen: hoteles caros
Pepe: cortijo
Isabel: no muy bueno

valoración

Carmen: muy buena
Pepe: es duro, pero estás en contacto con la naturaleza
Isabel: buena

6.

1. vi
2. iba
3. viajan
4. viajarán
5. iré
6. voy
7. comer
8. coman
9. me canse
10. me canso

7.

1.
Ingredientes: arroz, cuatro tazas de agua, ajos, tomates, cebolla, carne, gambas, mejillones, limón, aceitunas, pimiento rojo, pimiento verde, aceite, sal, pimienta, azafrán, guisantes y limón.

2.
1. Calentaremos el aceite en la paellera. Calienta el aceite en la paellera.
2. Freiremos la cebolla, el ajo, el tomate y los pimientos. Fríelos
3. Después, añadir las gambas, los mejillones y la carne. Después, añade las gambas, los mejillones y la carne.
4. Añadir el arroz y freírlo. Añade el arroz y fríelo.
5. Echar cuatro tazas de agua. Echa cuatro tazas de agua.
6. La sazonaremos con la sal, la pimienta... Sazona con la sal, la pimienta...
7. Lo dejaremos hervir a fuego lento. Déjalo hervir a fuego lento.
8. Echaremos los guisantes. Echa los guisantes.
9. La dejaremos reposar cinco minutos. Déjala reposar cinco minutos.
10. Lo acompañaremos de trozos de limón aparte. Acompáñalo de trozos de limón aparte.

8.

Posibles respuestas

1. antes de (bajar): antes de bajar a la playa, mira qué día hace

2. en cuanto (llegar): en cuanto llegues, ponte el bañador;
3. después de (quitarse la ropa): después de quitarte la ropa échate bronceador;
4. cuando (tumbarse al sol): cuando te tumbes al sol, busca un sitio adecuado;
5. antes de (tirar de golpe): antes de tirarte de golpe, comprueba la temperatura del agua;
6. mientras (estar en el agua): mientras estés en el agua, vigila tus cosas;
7. cada vez que (venir una ola): cada vez que venga una ola, comprueba si el bañador sigue en su sitio.

9.

1. Rel**á**jese. Nosotros no lo hacemos.
2. D**í**galo a sus amigos.
3. Si no llevas la guía Anaya, comp**ó**ntelas como puedas.
4. Proponle a tu novia hacer un recorrido por Madrid.
5. Dej**á**dselo (el coche) a Juan.
6. V**á**yase unos días al campo.
7. D**í**game dónde está la Calle Mayor.
8. M**ó**ntate ahora mismo. No tienes otro tren hasta las seis.
9. P**í**dele que vaya contigo a la montaña.
10. P**í**deme un folleto de ese viaje.

10.

objetos necesarios para preparar un viaje: guía y billete;
medios de transporte: avioneta, globo, tren, autobús y coche;
lugares turísticos: la Casa de Campo, Museo Thyssen, el Sahara, la Alhambra y Puerto Lápice;
tipos de turismo: *dominguero,* aventurero y alternativo;
objetos para guardar cosas en un viaje: mochila y maleta;
comidas: paella, jamón serrano y queso.

11.

1. iré / voy	5. comía
2. haré	6. visitaba
3. duerme / duérmete	7. se queda
4. llevo	8. salía; me / se quedaba

12.

Posibles respuestas

Si tengo un mes de vacaciones, iré a un sitio lejano, como, por ejemplo, Australia.
Si hace mal tiempo, iré a una cabaña en las montañas.
Si no tengo mucho dinero, elegiré un viaje barato.
Si voy solo, pediré un viaje organizado.
Si voy acompañado de otros amigos, compraré sólo el billete.

13.

Si dispongo de tiempo, haré yoga.
Si consigo trabajo, viajaré a...
Si viajo a Londres, compraré un recuerdo.
Si me subo a un avión, viajaré en primera clase.

14.

Respuesta libre.

15.

Respuesta libre.

16.

Punto 1: por ejemplo, sardina, atún, salmón, merluza...
Punto 4: una tarta de Santiago.
Punto 7: en el siglo XIII.
Punto 9: jamón serrano / chuletas.
Punto 10: las sevillanas.
Punto 12: el gazpacho.
Punto 13: Manga.
Punto 15: arroz, pimiento, tomate, ajo...
Punto 21: Cervantes.
Punto 22: la Giralda.
Punto 23: cristiana, musulmana y judía.
Punto 24: Don Quijote.

LECCIÓN 7
ámbito 1

1.

Las alegres chicas de El Molino Rojo	cabaré
Carmen, de Bizet	ópera
Madonna	concierto
Hamlet	teatro
Secretos del corazón	cine
Los miserables	musical
Don Quijote	baile, danza

2.

Posibles respuestas

Mujer 1: Me entristece que Pedro Almodóvar comprenda tan bien los sentimientos de las mujeres.

Mujer 2: No me horroriza que digan tantos tacos. Adoro ver este tipo de películas.

Hombre 1: No me gusta que Almodóvar haga este tipo de cine.

Mujer 3: Me disgusta salir de casa. La película de Almodóvar no es una buena excusa.

Mujer 4: No me vuelve loca que el argumento sea el de una obra de teatro dentro de la película.

Hombre 2: No me entusiasma que Almodóvar conserve esa originalidad especial en todas sus películas.

3.

Posibles respuestas

1. Nos molesta que no saques las entradas para el concierto.
2. Les preocupa que no hagáis deporte.
3. Me entristece que dejes a Juan solo.
4. Les alegra mucho que dejen de tener problemas.
5. Sentimos que participe en ese triste espectáculo.
6. Le da miedo ver películas de terror.
7. Te molesta que tengamos buena suerte.
8. Les da mucha alegría que viajemos por todo el mundo.
9. Me pone triste asistir a ese tipo de actos.
10. Nos preocupa que no entrenes lo suficiente.

4.

Respuesta libre.

5.

M	O	P	Q	R	S	T	U	W	L	O	N	I	I	S	C	Q	P	P
C	T	U	V	B	P	E	H	M	B	C	U	M	N	M	S	O	O	O
T	U	F	R	S	F	F	I	P	B	Q	Q	B	V	X	Z	L	M	O
M	N	V	B	N	J	Y	U	I	O	S	M	N	N	I	O	S	M	S
V	C	D	X	Z	H	T	E	T	E	N	I	S	B	B	I	O	L	Ñ
S	W	E	R	T	Y	U	Y	B	B	J	U	I	I	L	O	J	I	K
P	O	L	P	L	M	N	B	A	I	O	O	E	C	C	V	X	X	I
B	V	N	J	M	L	V	L	X	J	K	L	I	N	J	H	B	E	C
V	C	X	Z	B	N	O	M	O	T	O	C	I	C	L	I	S	M	O
S	D	F	G	H	N	D	E	S	V	D	F	C	V	B	N	G	N	M
V	C	L	Z	C	V	A	T	L	E	T	I	S	M	O	J	N	M	K
V	C	E	E	G	H	I	T	G	F	S	U	M	M	L	K	P	O	I
C	V	S	M	J	K	L	P	A	F	V	C	B	V	X	Z	C	V	B
T	T	B	Z	A	Q	E	R	C	C	B	V	X	Z	K	L	Ñ	L	Ñ
O	S	B	O	X	E	O	F	V	T	I	A	S	D	C	X	Z	Á	X
S	A	X	C	Z	C	V	B	B	N	O	O	D	S	A	Q	W	E	L
A	S	D	F	G	H	J	K	L	Ñ	Z	Z	X	N	N	A	Z	Q	W	E

6.

Caminar: **el deporte** olvidado.

El más antiguo de **los ejercicios** y, al mismo tiempo, el más fácil de practicar. En **un nivel** más avanzado está **el senderismo,** para lo que se exige **una preparación** física mínima.

Precios: Para caminar sólo hace falta **un calzado** cómodo y resistente.

7.

Posibles respuestas

Película de terror: miedo.

Después de esperar varias horas no consigues el autógrafo de tu ídolo: enfado.

Ceremonia de despedida de un viejo actor: pena.

Película cómica: alegría.

Tu entrada te ha costado muy cara y no ves bien el espectáculo: enfado.

Película policiaca: tensión.

Victoria de un compatriota tuyo en una competición olímpica: alegría.

Espectáculo de circo: alegría.

8.

peine, doy, antiguo, acuoso, estudiáis, diana, actuéis, reunido

9.

1. saltador / atleta
2. representación
3. maratón
4. actuación
5. drama
6. ataúd
7. bailarina
8. corazón
9. programa
10. noche; maquillaje

10.

1. jugador
2. la; los
3. mujer
4. Los
5. el; público
6. jugador
7. el
8. dopaje

11.

1. emociona
   emocione
2. guste
   gusta
3. tenga
   tiene
4. actúa
   actúe
5. entrene
   entrena

12.

Posibles respuestas

Yo lo sé

Aunque es famoso no es feliz.

Aunque hago deporte estoy gordito.

Aunque tiene muchos premios es un actor pésimo.

Aunque canta bien no me gusta.

Aunque conoce a mucha gente se siente solo.

Yo no lo sé

Aunque el concierto cueste barato ese cantante sigue siendo el mejor.

Aunque la película se estrene pronto no asistiré.

Aunque el ciclista no gane la Vuelta es magnífico.

Aunque tenga un hijo no dejaré el trabajo.

Aunque esa actriz actúe mal continuaré siendo su admirador.

13.

Posibles respuestas

- natación, piscina
- fútbol, estadio
- tenis, raqueta
- baloncesto, balón
- ciclismo, bicicleta

- concierto de música moderna, cantante
- concierto de música clásica, director
- cine, película
- baile, bailarina
- cabaré, entrada

14.

Posibles respuestas

Un teléfono móvil: para llamar por teléfono.
Una raqueta: para jugar al tenis.
Un balón de fútbol: para jugar al fútbol.
Unos prismáticos: para ver algo desde lejos.
Un sombrero: para protegerse del sol.

15.

Todos los años, **por** estas fechas, me voy a hacer ciclismo a Cazorla. Es magnífico **para** eliminar los kilos de más, **para**

fortalecer la circulación (y el corazón), los pulmones y los músculos de brazos y piernas. Yo ya lo he practicado **por** toda España.

Por 50.000 pts. (300.49 €) puedes comprarte una buena bicicleta. El ciclismo es maravilloso. Yo no lo cambio **por** otro deporte. Entreno normalmente tres veces **por** semana.

16.

1. Camp Nou	6. Serguéi Bubka
2. la primera fotografía	7. tenis
3. la raqueta y las zapatillas	8. Butragueño
4. golf	9. el atletismo
5. los Juegos Olímpicos	10. correr

17.

Respuesta libre.

á m b i t o 2

1.

Soy una fan de Bruce Springsteen. Hoy voy a su **concierto.** Creo que llevará unos **altavoces** enormes y cuando cante por el **micrófono** sonará muy bien. En casa lo escucho en mi **equipo de música** con mis **auriculares.** Tengo todos sus **CD.** Es el mejor **cantante** del mundo.

2.

1. Voy a **comprárselo.**
2. No **lo** recuerdo.
3. A **nosotros** nos gusta Michael Jackson, pero a **él** le gusta Julio Iglesias.
4. **Díselo.**
5. Voy a **dárselas.**
6. ¿Sabes el dicho de que la música **lo** relaja?

3.

1. Respuesta libre.
2. Sí, soy yo.
3. Respuesta libre.

4.

P.: Hola, buenos días, ¿puedo hablar con María?
M.: Sí, soy yo. (Identificación de persona.)
P.: Llamo de la revista *Señoras* para confirmar o desmentir su retirada de la canción.
M.: No es cierto.
P.: Últimamente se la ve con muchos problemas. Yo, en su lugar, me plantearía la decisión de abandonar la canción. (Identificación de persona.)
M.: Yo, a veces, también me lo planteo. (Con también.)
P.: ¿En esos problemas entran los conyugales?

M.: No es ningún secreto. Él va por su lado y yo por el mío. (Contraste entre dos sujetos.) Ya ni siquiera viaja conmigo a pesar de ser mi representante. Entre nosotros no hay ninguna relación.
P.: Muchas gracias, María. Nos pondremos en contacto con usted para una entrevista más amplia.
M.: Adiós.

5.

1. entre
2. conmigo
3. contigo
4. consigo

6.

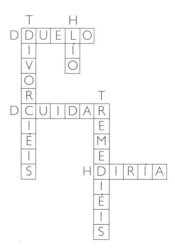

7.

cantar, canción; cantante, representante; CD, disco; género musical, salsa; concierto, grupo.

8.

1. Es pesado que la gente pida autógrafos a los cantantes.
2. Es agotador que hagáis cola para comprar las entradas del concierto.
3. Es bueno que sepas tocar la guitarra.
4. Es estupendo que nuestros amigos practiquen una actividad física regularmente.
5. Es aconsejable que vayan pronto a comprar las entradas.
6. Es aburrido que vaya a correr solo.
7. Es una pena que no tengamos más tiempo para escuchar música.
8. Es divertido que vayas al cabaré.
9. Es genial que estéis en forma.

9.

Posibles respuestas

1. Es útil saber tocar un instrumento musical.
2. Es mejor que compres las entradas con antelación.
3. Es importante escuchar un disco antes de comprarlo.
4. Es aconsejable que salgas antes de las seis.
5. Es natural que cante tan bien, para eso ha recibido clases.
6. Es malo dejar de comer para adelgazar.
7. Es necesario que te relajes.

10.

1. No creo que sea Alanis Morissette.
   Creo que es Céline Dion.
2. Creo que es el maestro Rodrigo.
3. Creo que es Kenny G.
4. No creo que sea Beethoven.
   Creo que es Mozart.

11.

Respuesta libre.

12.

Hoy **oí** en la radio que el tenor Carreras **daría** una serie de recitales en el Teatro Real de Madrid. No **vayáis,** me dijo mi **tía;** no **conseguiréis** entrada. Lo mejor **sería** la reventa. **Sí,** dije yo, pero es muy cara, y **además** no nos **gustaría** tener problemas con la **policía.**

13.

1. No, no me has dicho que este disco esté muy bien.
2. No, no nos dijo qué canción de Manzanita había oído.
3. No, no me explicó qué había hecho después de trabajar.
4. No, no nos has contado cuándo lo conociste.
5. No, no me ha dicho con quién viene.
6. No, no nos explicó qué planes tenía para la próxima gira.
7. No, no he pensado dónde quiero que vayamos.
8. No, no han anunciado que el grupo vaya a separarse.
9. No, no nos has contado que vayas a entrevistar al gran Pavarotti.
10. No, no ha comunicado a la prensa que hayan anulado el concierto.

14.

Posibles respuestas

1. Está claro que hacen música para niños.
2. Es evidente que, en general, su música no ayuda a relajarse, aunque sí es verdad que ayuda a liberarse de tensiones.
3. Es falso que el *Submarino amarillo* sea una canción de José Luis Perales.
4. No es cierto que no venda muchos discos.

15.

Respuesta libre.

LECCIÓN 8
ámbito 1

1.

haría: yo / él;

amarían: ellos;

cabríamos: nosotros;

vendríais: vosotros;

dirías: tú;

querría: yo / él;

sería: yo / él;

desearía: yo / él;

pondríais: vosotros;

permitirías: tú.

2.

1. ¿Podías decirme dónde está la farmacia más próxima?
2. Transformación no posible.
3. ¿Deseaba alguna otra cosa, señor?
4. Transformación no posible.
5. Quería una habitación doble.

3.

1. Podríais; supermercado
2. Querría; la comisaría
3. Me dejarías
4. Sería tan amable / Eres tan amable; decirme
5. Le importaría; reserva
6. Me gustaría; media pensión
7. Querría; un vaso
8. podría; un café
9. Os importaría; el periódico
10. Harían; la compra

4.

1. No tolero que hagas eso.
2. Dadnos los abrigos.
3. Os prohíbo que salgáis de noche.
4. Mándame los paquetes a casa.
5. Le ordeno que se detenga.
6. Espérame al lado del centro comercial.
7. No permito que llegues tarde.

5.

N	R	L	O	M	N	D	O	S	T	U
A	T	U	L	S	N	J	V	I	O	E
T	I	S	I	Z	M	E	V	F	W	
O	O	P	Q	O	R	E	S	N	T	U
S	T	T	E	T	C	I	E	S	N	Ñ
M	U	S	W	N	H	R	O	I	U	A
V	U	N	O	B	R	Q	E	N	L	B
T	J	H	Z	N	V	I	L	M	Z	H

6.

1. Un periódico, una revista...
2. Para dos personas.
3. Desayuno y cena (o comida).
4. Una reserva.
5. Una caja de leche, una botella de agua y pañuelos de papel.
6. Un sello.

7.

Posibles respuestas

1. Deme un sello (petición).
2. No olvide su llave (consejos y recomendaciones).
3. Ordena tu habitación (orden).
4. No bebas vino (prohibición).
5. Sí, claro, fume, fume (conceder permiso).
6. Siga hasta el final de la calle y allí está (dar instrucciones).
7. Tómate algo (invitación y ofrecimiento).

8.

1. Llama a Miguel. **Él** quiere que vayas a cenar a su casa.
2. **Telefonéalos.** No tienes plaza en el hotel Emperador.
3. María está muy enfadada. **Llámala** y **pídele** perdón.
4. Tu amiga Noelia te ha llamado también y ha ordenado que **le** pidas perdón.
5. En el banco ya tienen el dinero. Han dicho que pases a **recogerlo** cuando quieras.
6. Lleva a tu hermana una caja de leche. **Llévasela** rápidamente. Su niño tiene gripe.

9.

1. ONG
2. RENFE
3. DNI
4. ONU
5. UE
6. IVA
7. OTAN

10.

A: ¿Qué hiciste ayer?

B: Fui a un restaurante chino con Lucía y me **comentó** que hoy **tendría** una fiesta de cumpleaños.

A: ¡Oye, no sería la de Antonio! Yo estuve con él y me **explicó** que le **gustaría** invitarnos hoy a su casa.

B: ¿Y no te **dijo** qué tipo de fiesta **haría?**

A: Me **aseguró** que **sería** algo sencillo y también me **dijo** que nos **esperaría** en la cafetería Roma hasta las siete. Así, aprovecharía para enseñarnos su nueva casa.

B: Pues ya son las seis y aún no le hemos comprado un regalo.

A: No te preocupes, como yo ya hablé con Lucía, ella me **dijo** que se **encargaría** de comprarle algo.

B: Perfecto. Entonces nos vemos en la Roma a las siete.

11.

prohibir ≠ permitir
solicitar ≠ ofrecer
pedir ≠ recibir

• Respuesta libre.

12.

Posibles respuestas

1.

– Por la compra de unos pantalones X te regalamos una camiseta. Pásate por la boutique X. Sólo hasta fin de existencias.

– ¡Aprovecha esta oportunidad! Liquidamos 2.000 alfombras orientales por cierre de negocio. Abrimos sábados tarde.

– ¿Quieres amueblar tu casa por poco dinero? No lo dudes, ésta es tu tienda. Rebajas de hasta un 40%. Máxima calidad.

2.

– Compraría pareja de gatos siameses. No importa precio. Llamar mañanas. ☎ 060023410.

– Busco casa para alquilar los meses de verano en la costa levantina. ☎ 001240236.

– Necesito equipo de esquí completo. Escribir a Miguel Zapata Contreras, c/ Senda Perdida, 80, Lozoya del Valle (Ávila).

1.

1. buscaría
2. resuelvas / arregles
3. posible respuesta: haríamos un esfuerzo
4. posible respuesta: se marcharía de esta ciudad
5. hagas
6. Estudia
7. seas
8. cambies
9. cuentes / comentes
10. nos apuntaríamos

2.

Posibles respuestas

1. Le aconsejaría que se quedara a vivir en México.
2. Es mejor que se tranquilice, pues esta situación se dará a menudo.
3. Le aconsejaría que repartiera sus vacaciones para evitar problemas familiares.

3.

Posibles respuestas

1. Su amigo Juan: le aconseja que se vaya a algún lugar tranquilo.
2. Su novio: le recomienda que haga un curso de informática.
3. Su madre: le sugiere que busque otro trabajo.
4. Su hermana: le recomienda que hable con su amiga y que haga las paces.
5. Su amiga Lola: le sugiere que se case.
6. Un antiguo compañero de trabajo: le aconseja que se vaya a la playa.
7. Su padre: le aconseja que vaya a la consulta de un psiquiatra.
8. Su vecina: le sugiere que se apunte a un curso de baile.

4.

A	N	F	R	M	I	A	A	J	M
T	U	D	I	S	N	O	I	O	U
S	A	N	T	U	E	R	C	R	L
I	N	F	O	R	M	E	N	D	U
V	I	C	T	I	O	R	A	E	C
E	T	E	R	P	R	E	T	N	I
R	H	I	D	J	E	L	S	A	R
T	O	Ñ	E	T	G	Z	N	D	R
N	X	A	N	U	N	C	I	O	U
E	W	B	A	L	T	B	O	R	C

5.

1. con la que / con quien
2. por la que
3. que
4. que
5. donde / en el que
6. con la que / con quien
7. a la que / a quien
8. de la que
9. en quien
10. en la que

6.

1. Mi hermano es la persona en quien puede confiar.
2. Se marchó con Luisa, que era su secretaria desde hacía pocos meses.
3. La casa que vimos era pequeña.
4. Los empresarios entrevistan a quienes cumplen ciertos requisitos.
5. Vamos a ver a Miguel, que está en la oficina de enfrente.
6. La señora por quien pregunto trabaja aquí.

7.

1. Regalo traje de novia que está como nuevo.
2. Necesitamos una secretaria que sepa inglés.
3. Vendo una casa que tiene mucha luz.
4. Se requiere chico que sea trabajador y responsable para trabajo temporal en empresa de ordenadores.

8.

Vas a una agencia de trabajo temporal para encontrar trabajo. Buscas un trabajo **con el que recorras** España y **que tenga** buen sueldo; **en el que empieces** a trabajar temprano y **donde no termines** muy tarde. **Quieres una** empresa **que esté** bien organizada y **donde** los compañeros **sean** agradables; pero te ofrecen un empleo **de los que odias, en el que** el sueldo **es** pequeño y **donde** trabajarías para una empresa **que no tiene** ningún futuro. Te marchas de la agencia muy enfadado.

9.

1. funciona
2. venga
3. tenga
4. sea
5. sepa
6. buscas
7. estén

10.

O	L	E	Y	L	A	J	Z
M	L	Q	A	E	O	P	A
U	**D**	**D**	**M**	**E**	**A**	**L**	**C**
R	O	**E**	**E**	F	**I**	**C**	**L**
A	**U**	**N**	**R**	**U**	S	**E**	**A**
R	**E**	**G**	**J**	**E**	E	**A**	**T**
W	**I**	K	**E**	Y	B	**D**	**I**
Z	H	S	C	D	**S**	**T**	N

Te recomiendo que juegues al ajedrez.

11.

Respuesta libre.

12.

1. Porque quería ganar su oposición.
2. Un lugar donde no sufriera ninguna interferencia.
3. Vive en Madrid.
4. Hay que estudiar mucho. Aproximadamente de cuatro a seis años de estudio.

13.

1. dpto.
2. dcha.
3. Edit.
4. Dña.; c/; n.º y C.P.
5. Dir. / Bco.
6. pts.; cta. cte.
7. Dra.

LECCIÓN 9
ámbito 1

1.

Posibles respuestas

cocina: vitrocerámica, nevera, horno, escurreplatos, campana, mesa auxiliar;
salón: sofá, espejo, chimenea, aparador, mesa auxiliar, sillón, butacón;
dormitorio: mesilla, espejo, literas, cómoda, galán;
cuarto de baño: espejo, inodoro, bidé, toallero.

2.

Posibles respuestas

El pasamanos está en la barandilla del portal.
El rellano está entre dos tramos de una escalera.
La percha está en el armario.
La butaca está en la habitación.
El altillo es en la parte alta del armario.
Las tejas están en el tejado.
La terraza es la parte exterior que sobresale en la fachada de un edificio.
El patio es la parte de un edificio que se deja al descubierto, sin techo.

3.

1. nada
2. algunas; algo
3. alguien
4. nada
5. ninguna
6. nada
7. algún
8. nada
9. Algunas
10. ninguno
11. alguna
12. ninguna
13. alguna
14. algo
15. ningún

4.

1. **¿Tienes algo de dinero?** No, no tengo nada de dinero.
2. **¿Has visto alguna película de Almodóvar?** Sí, he visto alguna película de Almodóvar.
3. **¿Hace algo?** No, no hace absolutamente nada.
4. **¿Has comprado algún disco?** No, no he comprado ningún disco.

5. **¿Hay algún libro en la mesa?** Sí, hay algún libro en la mesa.
6. **¿Quieres algo?** No, no quiero nada.
7. **¿Tienes algo en el congelador?** No, no tengo nada en el congelador.
8. **¿Hay alguien en el servicio?** No, no hay nadie en el servicio.
9. **¿Has visto a alguien importante?** Sí, he visto a alguien importante.
10. **¿Ha dicho algo el acusado?** No, el acusado no ha dicho nada.

5.

1. **Puede que** lleguen pronto.
2. **Estaría** preocupada.
3. **Tal vez** tenga gripe.
4. **A lo mejor** suspendo el examen.
5. **Iría** al cine.
6. **A lo mejor** tenía prisa.
7. **Quizás** vaya a llover.
8. **A lo mejor** he comido demasiado.
9. **Puede que** esté nervioso.
10. **Estará** enfadado.
11. **Pasaría** algo.
12. **Estarían** discutiendo.
13. **Puede que** haya niebla.
14. **Tal vez** ha aprobado el examen.
15. **Quizás** le ha tocado la lotería.

6.

Posibles respuestas

1. vayan
2. se compre
3. estén
4. toma
5. se enfadara
6. vamos
7. estuvieran
8. habría
9. tuviera
10. habría salido
11. inviten
12. Llegaría
13. tengamos
14. habría llamado
15. vuelva

7.

1. piso
2. ático
3. apartamento
4. chalé

8.

1. escuchar
2. que vengan
3. viajar
4. limpiar
5. que salgan
6. que hablara
7. conducir
8. que contarais
9. comprar
10. comer
11. que no luche
12. que hablen
13. que llegáramos
14. que las cosas tengan
15. perder

9.

Posibles respuestas

Nos gustaba a veces beber hasta perder el control.	Nos gusta que nuestros amigos sean sinceros.
Nos encantaba que las mujeres fueran liberales de palabra y de hecho.	A algunos no les gusta la gente que necesita drogas para poder vivir.
Nos fastidiaba que nuestros padres nos pidieran explicaciones.	Nos fastidia que nuestros padres tengan que darnos dinero.
A algunos jóvenes les encantaba hacer fiestas en casa.	Nos encanta que la ropa sea de marca.
Odiábamos que nuestros padres nos controlaran la hora de llegada a casa.	A algunos jóvenes nos fastidia que se nos considere "piojos" sociales.

10.

Respuesta libre.

11.

1. vengas
2. que fuera
3. llamaras
4. salga
5. que visitemos
6. regresar
7. que regresen
8. pueda
9. que tengamos
10. que salgáis
11. que traigáis
12. que regalen
13. termine
14. ver
15. que cenen

12.

1. cortinas
2. florero
3. cuadro
4. lámpara
5. estor
6. cenicero
7. sillón
8. visillo
9. marco

13.

Respuesta libre.

14.

Respuesta libre.

á m b i t o 2

1.

Respuesta libre.

2.

– Me he caído en el parque. Lamento que te hayas caído.

– He decido sacarme el carné de conducir. Me alegro de que lo hayas decidido.

– Llevo tres cuartos de hora esperándote. Siento que me hayas tenido que esperar.

– Son las diez y Juan no está en su casa. Me extraña que no haya llegado todavía.

– Iban a 120 km/h por la carretera y han tenido un accidente. Sentimos que hayan tenido un accidente.

– Me han tocado "los ciegos". ¡Qué bien que te haya tocado la lotería!

– Hemos pasado un verano estupendo. ¡Qué bien que hayáis tenido un buen verano!

– Hemos perdido el autobús y hemos estado 20 minutos en la parada. Siento que hayáis tenido que esperar tanto.

– Me han dado una beca de colaboración. Me alegro de que te hayan dado la beca.

– Me caso en septiembre. ¡Qué bien que hayáis decidido casaros!

3.

1. manden
2. tomar
3. recoger
4. molestar
5. saber
6. dé
7. comprar
8. llamen
9. visitar
10. informen
11. vivir
12. saludar
13. ver
14. vayamos

4.

Posibles respuestas

1. La linterna sirve para iluminar.
2. El ordenador sirve para que nosotros hagamos nuestros trabajos.
3. El ratón sirve para introducir órdenes en el ordenador.
4. El revistero sirve para guardar las revistas.
5. El equipo de música sirve para que nosotros escuchemos música.

5.

1. c) sé
2. b) quisimos
3. a) estar
4. c) estás
5. c) tenía
6. a) venías
7. c) pensar
8. b) sabíamos
9. a) estudia
10. a) estaba

6.

Respuesta libre.

7.

1. tenemos
2. habla
3. vienes
4. apruebe
5. dan
6. viene
7. llaman
8. se retrasa
9. regresa
10. tengo
11. han comprado
12. visitabais
13. sales
14. ves
15. hablas

8.

Respuesta libre.

9.

1) Condición en el pasado:
   - Si tuvo algún problema, ya lo ha solucionado.
   - Si discutieron, fue por tu culpa.

2) Condición en el futuro:
   - Si estudias mucho, aprobarás sin problema.
   - Si voy a Barcelona, te compraré butifarra.

3) Condición para una orden:
   - Si hablas con Elena, dale muchos besos.
   - Si vas a llegar tarde, avísame.

4) Condición para que se cumpla una acción atemporal:
   - Si apruebo, te invito.
   - Si sale el sol, me baño.

10.

1. tiene
2. estamos
3. fuimos
4. nos conocemos
5. compre
6. toque
7. haga
8. prefería
9. suspendió
10. vino
11. salgo
12. dejó
13. se le nota
14. tenía
15. sienta

11.

Posibles respuestas

1. Aunque tiene muchos amigos está solo.

2. Le da miedo montar en avión, sin embargo monta.

3. Tiene mucho dinero, pero viste como un pordiosero.

4. Ha lavado el jersey, pero la mancha no se ha quitado.

5. Aunque le encanta la comida, no se lo come todo.

12.

No me **gusta** el fútbol y no creo que **sea** un deporte divertido: sólo sirve para que la gente **grite** y **se enfade.** Hay muchas personas que **piensan** igual que yo, por eso no es verdad que **sea** el deporte nacional. Muchos amigos me han aconsejado que **asista** a un encuentro, pero yo no quiero. Nunca **iré** a un estadio para **ver** un partido: no quiero **gastar** el dinero en esas cosas, y aunque me **inviten** no **iré.** Además, me parece que **genera** demasiada violencia: cuando **se convierta** en un verdadero deporte, cambiaré de opinión. Tampoco me **gustan** los toros (bueno, las corridas de toros), ni que los niños **vean** cómo matan a los animales: es un espectáculo cruel. Es imposible que **prohíban** esta fiesta, pero espero que **tenga** cada vez menos seguidores. Por otra parte, pienso que no **deben** echar esto por televisión porque casi nos **obligan** a que todos lo **veamos.** Yo sólo pido que me **dejen** elegir libremente. Mucha gente **piensa** que los toros **forman** parte del carácter del pueblo español, pero no **es** verdad: afortunadamente, hay muchos españoles que **tienen** otros sentimientos. Yo sé que nunca **iré** a una corrida de toros.

13.

Respuesta libre.

1.

1. Juan dice a su jefa que **se siente feliz con su nueva casa.**

2. Amelia recuerda a su padre que **le preste el coche.**

3. Juan nos confirma que **no ha podido encontrarnos la dirección electrónica de Antonio.**

4. El médico me ha recomendado que **haga diez abdominales antes de acostarme.**

5. Pili nos ha llamado por teléfono y nos ha comentado que **posiblemente haya un servicio urgente para enviar esos documentos cerca de allí.**

6. Los policías nos piden que **les dejemos un papel para escribir su número de teléfono.**

7. El presentador de televisión ha anunciado que **quizás llueva.**

8. Elena afirma que **en verano viajará a Alemania para ver a sus hermanos.**

9. La profesora os recomienda que **no bebáis mucho.**

10. Alberto y Juan aseguran que **estarán en la cafetería de la esquina.**

11. Isabel dice que **probablemente suspendieran el vuelo de Tokio.**

12. Mi madre me repite que **si tengo problemas que se los cuente siempre.**

13. Ahora Antonio está en México y en su fax me informa de que **en ese país la comida es demasiado picante.**

14. La azafata os aconseja que **intentéis dormiros cuando subáis al avión y de esa manera el viaje os parecerá menos largo.**

15. Los bomberos nos piden que **salgamos rápido del edificio.**

2.

Mensajeros: envío privado de máxima confianza y rapidez.
Correo urgente: envío de cartas con gran rapidez.
Correo electrónico: sistema de comunicación que permite enviar información a través del ordenador.
Fax: sistema de comunicación que permite enviar información escrita a través del teléfono.
Correo certificado: envío de cartas con la garantía de que no se pierden.
Correo normal: envío de cartas sin trato preferente.

3.

1. La revista nos dice que si nuestro coche no tiene aire acondicionado y en verano nos resulta molesto viajar por las elevadas temperaturas, pongamos en el interior del coche una rama de laurel. De esa forma conseguiremos que el ambiente esté perfumado y que nuestro viaje sea muy agradable.

2. La revista os aconseja que para que vuestras plantas estén sanas y bonitas, machaquéis la cáscara de un huevo y la echéis después sobre la tierra de la maceta, y que repitáis esa operación al menos dos veces al mes. Conseguiréis que vuestras plantas estén verdes y que echen muchas flores.

3. La revista me cuenta que si quiero que las naranjas y los limones me den mucho zumo, los ponga en el microondas un par de segundos antes de exprimirlos. Obtendré una gran cantidad de zumo.

4. La revista les aconseja que si desean conservar los ramos de flores durante mucho tiempo, llenen el jarrón con dos litros de agua y añadan dos cucharadas de vinagre y dos cucharadas de azúcar. Verán que los ramos durarán varias semanas.

4.

1. Antes de empezar la campaña electoral, el futuro presidente ha exclamado que **con él todos nuestros problemas serán agua pasada.**

2. Mi abuelo todos los días me repite que **en sus tiempos los jóvenes eran más responsables que los jóvenes de ahora.**

3. Nuestro jefe nos ha informado por megafonía de que **ha abandonado su trabajo.**

4. El acusado ha manifestado en televisión que **es inocente.**

5. Los policías declaran que **no tienen ninguna pista sobre el asesino.**

6. Vicente García confiesa que **no le gusta hablar de su vida privada.**

7. Raquel y Juan responden que **vivirán en España.**

8. Enrique susurra al oído a Elena que **está enamorado de ella desde el primer día en que la vio.**

9. Elena contesta a Enrique que **es un pesado y dice la misma frase a todas las chicas de la facultad.**

10. Este invierno he visitado a mis padres en Valladolid y me han dicho que **allí nunca hace frío.**

11. Ana afirma que **sus hijos han perdido las llaves del coche.**

12. Juan grita que **necesita ayuda para terminar el ejercicio de matemáticas.**

13. Patricia y Javier anuncian que **se casarán el 24 de agosto.**

14. Pedro ha confesado que **quizás busque trabajo en una gran ciudad.**

15. Mi padre cree que **probablemente haya llegado una carta para él.**

5.

Todos los sustantivos acaban en -ción. Se trata de un sufijo que indica acción y resultado.

Exclamación, manifestación, contestación, declaración e **información.**

A	D	I	S	A	R	U	M	C	I	N	A	S
R	E	X	O	C	M	A	E	C	I	O	R	E
A	C	O	N	T	E	S	T	A	C	I	O	N
S	L	N	O	I	C	A	M	A	L	C	X	E
T	A	R	A	J	U	I	B	J	R	A	S	U
I	R	S	I	C	P	D	O	C	A	M	U	G
E	A	T	V	I	A	S	U	N	U	R	L	A
U	C	I	O	N	E	F	A	I	C	O	N	U
L	I	M	O	N	I	X	C	X	U	F	I	S
N	O	I	C	A	T	S	E	F	I	N	A	M
A	N	A	N	T	R	E	A	N	O	I	C	A

6.

Querida Ana:

Me he casado. Estoy trabajando en Bilbao y aquí he conocido a un chico estupendo. Es camarero y se llama Julio. Nos conocimos a principios de marzo y desde entonces vivimos juntos. Después de tres meses nos hemos casado. Estoy muy feliz. Durante quince días hemos estado en Grecia de luna de miel y en este país hemos visitado lugares preciosos.

Creo que iremos a Palencia en agosto. Tengo muchas ganas de que todos conozcáis a mi marido.

Besos,

María.

7.

1. Me preguntan **si he nacido en invierno o en verano.**
2. Me preguntan **si me gustan los espaguetis.**
3. Me preguntan **cómo prefiero el café, solo o con leche.**
4. Me preguntan **dónde suelo ir de vacaciones.**
5. Me preguntan **qué deporte practico.**
6. Me preguntan **si llevaré a mis amigos a su fiesta.**
7. Me preguntan **si les enviaré una postal desde mi país.**
8. Me preguntan **si conozco bien esa ciudad.**
9. Me preguntan **qué libro estoy leyendo.**
10. Me preguntan **si me gusta madrugar.**
11. Me preguntan **dónde compro la ropa.**
12. Me preguntan **quién es mi deportista favorito.**
13. Me preguntan **qué hago los fines de semana.**
14. Me preguntan **si es importante para mí la familia.**
15. Me preguntan **cuándo los invitaré a mi casa.**

8.

1. ¿Por qué la dirección de este paquete está incompleta?
2. ¿Quieres viajar conmigo a Santiago de Chile?
3. ¿Dónde están los discos que compré la semana pasada?
4. ¿Cuándo pensáis invitarme a cenar?
5. ¿Cómo preparas el cocido? Quiero sorprender a mi novia.
6. ¿Qué estás comiendo?
7. ¿Quién era el chico que estaba contigo ayer en el parque de atracciones?
8. ¿Qué regalo queréis para vuestra boda?
9. ¿Vendrás a mi fiesta?
10. ¿Cómo te llamas?

9.

Un muchacho entra corriendo en la casa y muy asustado grita que **el alguacil se dirige a esa casa, aunque viene solo y sin guardias.**

Monipodio dice que **no se pongan nerviosos, que ese alguacil es amigo suyo y que no les dará ningún problema. Él saldrá a buscarlo e intentará hablar con él.**

Monipodio pregunta **quién ha estado trabajando en la plaza de San Salvador.**

Ganchuelo contesta que **él ha estado en la plaza.**

Monipodio vuelve a preguntar **por qué no le han hablado de una bolsa amarilla que esa mañana ha desaparecido en la plaza con algunas monedas dentro.**

Ganchuelo contesta que **es verdad que se ha perdido una bolsa, pero que él no la ha robado y tampoco sabe quién lo ha hecho.**

Monipodio grita que **no lo engañen y que la bolsa debe aparecer rápidamente porque lo pide el alguacil, que es un gran amigo y siempre los ayuda.**

Monipodio vuelve a gritar que **nadie se burlará de él y quiere que la bolsa aparezca en ese momento.**

Rinconete dice que **no discutan más, que ésa es la bolsa que su amigo Cortadillo ha robado en la plaza y que también les entrega el pañuelo que ha tomado prestado del mismo dueño.**

Monipodio añade sonriendo que a **partir de ese momento llamarán a Cortadillo** *el Bueno.*

10.

1.

El psicólogo me ha dicho que necesito tomarme ese asunto con calma, que me siente y me relaje, que eso es lo primero que debo hacer. Está completamente seguro de que puedo educar al niño. Dice que haga con mi hijo una vida normal y así el niño crecerá en un ambiente saludable. Me recomienda que siga ese consejo con calma y con paciencia, que mi hijo está en buenas manos, y que tengo que confiar en mis posibilidades.

2.

El psicólogo me ha dicho que si soy impuntual me perjudico a mí misma y hago perder el tiempo a los demás con mi falta de responsabilidad. Sólo puede decirme que me acostumbre a llegar al trabajo y a mis citas con los amigos unos minutos antes, y así demostraré que sé organizarme y que tengo una gran estima por mi trabajo y por mis amigos.

11.

Señora García: "¿Cómo está la familia? ¿Tu madre sigue trabajando? Yo acabo de empezar mis vacaciones y me siento feliz".

Profesor Mariano: "¿Por qué Pili nunca viene a mis clases? ¿Por qué dice a los demás alumnos que soy muy aburrido? Dile que estoy muy enfadado con ella".

Paco: "El domingo iré temprano. Estaré allí sobre las ocho de la mañana. ¿Podéis venir a buscarme al aeropuerto?".

12.

Mensaje 1

¿A qué hora saldrá Pedro del trabajo? Él cree que **saldrá a las nueve y media.**

¿Qué pregunta Pedro a Mar? Pedro pregunta a Mar **si quiere jugar con él al tenis el domingo.**

¿A qué hora y dónde espera Pedro a Mar para jugar al tenis? Él dice que **la espera a las once y cuarto en el polideportivo.**

Mensaje 2

¿Por qué Manolo sí puede ir a Ávila con Mar y con Ramón? Porque dice que **su madre se quedará con los niños todo el fin de semana.**

¿Por qué propone a Mar que vaya a recogerlo a su casa? Porque afirma que **su coche está averiado.**

13.

Respuesta libre.

1.

1. Se afirma que la guerra ha comenzado.
2. Durante las vacaciones de Navidad se descansa poco.
3. En este restaurante se come muy bien.
4. Se ha descubierto la verdad sobre el asesinato del presidente.
5. Se confirma que tendremos mal tiempo todo el fin de semana.
6. Se vive tranquilamente en un pueblo pequeño.
7. Se habían clausurado las III Jornadas Gastronómicas.
8. Se dice que muchas personas famosas venden su vida privada.
9. En mi familia se cena un poco tarde.
10. Se declara que los terroristas fueron detenidos.
11. Se aclara que el avión tuvo una avería grave.
12. Se ha publicado un reportaje sobre la inmigración extranjera en las grandes ciudades.
13. Se han dedicado dos columnas a las noticias sobre Marte.
14. Se avanza más si se toma este camino.

2.

1. Se comenta
2. ha dicho
3. se hace
4. se prohíbe
5. vendió
6. Se suspende; se aprueba
7. fuimos; compramos
8. Se ruega
9. comen
10. viene
11. Se dice
12. tendrán
13. Se venden
14. son

3.

1. hizo
2. Se anuncia / Anuncian
3. es; es
4. Llaman
5. Comunican / Se comunica; habrá
6. Buscan / Se busca
7. Arreglan / Se arreglan
8. Recomiendan / Se recomienda
9. Es
10. hubo
11. Gritan
12. Alquilan / Se alquilan
13. hay
14. Prohíben / Se prohíbe
15. hace; hace; hay

4.

1. **Han declarado / Se ha declarado** que las entradas del espectáculo costarán 4.000 pts. (240,39 €). **Abrirán / Se abrirá** la puerta principal una hora antes de comenzar la actuación.

2. **Descubrieron / se descubrió** el viernes por la noche un barco con televisores robados. **Afirmaron / Se afirmó** que no **sabían / se sabía** nada.

3. **Confirman / Se confirma** que el famoso diseñador de moda Julio Carlos ha muerto en su casa. **Dicen / Se dice** que estaba muy deprimido después de la muerte de su esposa.

4. **Tomarán / Se tomarán** medidas para que la contaminación descienda.

5.

Posibles respuestas

1. Los catalanes hablan dos lenguas.
2. Mis hermanas dicen que Juan y Pepa se han casado en secreto.
3. Los electricistas apagarán las luces a las 12 de la noche.
4. Ellos habían dejado la puerta abierta.
5. España exporta pescado al extranjero.
6. Los jueces sabrán la verdad.
7. Paloma y Bárbara han llamado al ascensor.
8. La ley en algunos países prohíbe beber a partir de las 11 de la noche.
9. Mis padres duermen poco.
10. María y Jaime rompieron el cristal de la ventana.
11. El jurado ha elegido a la reina de las fiestas.
12. Jesús Vázquez ha presentado el nuevo disco de Iván Escobar.
13. Mis vecinos gritaban a las tres de la madrugada.
14. El periódico publica que hubo cinco heridos en el incendio del cine Avenida.
15. Patricia y Miguel reparan televisores.

6.

1. Se introduce el importe exacto.
   Se selecciona el número deseado.
   Se empuja la puerta lateral.
   Se retira el alimento elegido.
2. Se descuelga el teléfono.
   Se introduce una tarjeta o una moneda.
   Se marca el número.

7.

1. Las noticias más interesantes **son emitidas** por mi programa de radio favorito.
2. La ciudad **ha sido destruida** por el terremoto.
3. Una medalla de oro **fue ganada** por el equipo de ciclismo.
4. El tejado **será arreglado** por los albañiles.
5. El acueducto de Segovia **fue construido** por los romanos hace veinte siglos.
6. *El Quijote* **fue escrito** por Miguel de Cervantes.
7. Los grifos de la bañera **serán arreglados** por el fontanero.
8. La lección **es explicada** por vosotros.
9. La dimisión de José **había sido anunciada** por Ana.
10. Las plantas no **han sido regadas** por Juan.
11. El coche **es pintado** por los mecánicos.
12. Las luces **son apagadas** por nosotros.
13. *Las Meninas* **fue pintado** por Velázquez.
14. Una colección de moda para niños **será presentada** por Vicente Seco.

8.

1. Se **convoca** a todo el personal de la fábrica a una reunión urgente.
2. Se **repara** cualquier tipo de aparato eléctrico.
3. Anoche se **encontró** a los tres únicos supervivientes del terremoto.
4. Esta mañana se **ha avisado** a todos los vecinos del edificio para que lo abandonen inmediatamente.
5. Aquí se **intercambian** cromos sobre varios deportes.
6. A partir de la próxima semana se **renovarán** los carnés de identidad solamente por las tardes de 17.00 h a 20.00 h.
7. El mes pasado se **dejó** en libertad a los tres sospechosos del incendio del bosque "Campillo".
8. Mañana se **recompensará** a todas las personas que han aportado alguna información sobre el secuestro de Casimiro López.
9. Se **preparan** bocadillos de jamón y queso.
10. Se **anuncia** mal tiempo para las próximas horas.

9.

1. **Se anuncia** buen tiempo para el domingo.
2. **Se publica** la llegada del hombre a Marte.
3. **Se jugarán** dos partidos de fútbol.
4. **Se han respetado** las normas del museo.
5. **Se ha defendido** la verdad.
6. **Se traduce** al japonés la última novela de Antonio Gala.
7. **Se comunicará** el horario del curso.
8. **Se necesita** una secretaria.
9. **Se construyó** un edificio de quince pisos.
10. **Se apagará** el fuego.
11. No **se ha hecho** la cena.
12. **Se descubre** un nuevo planeta.
13. **Se han roto** tres vasos.
14. **Se ha pasado** la aspiradora.
15. **Se ha pintado** la casa.

10.

1. **Se había preparado** la entrevista con el primer ministro.
2. Estos zapatos **se fabricaron** en Alicante.
3. **Se restaurará** la Giralda de Sevilla.
4. **Se han limpiado** los cristales.
5. **Se dirigió** la película sobre la vida de Picasso.
6. Las joyas **se robaron** ayer por la noche.
7. **Se prepara** el café.
8. **Se pintará** la casa mañana.
9. El puente **se había levantado** el mes pasado.
10. **Se escribe** la carta.
11. **Se ha operado** al paciente.
12. **Se repara** el frigorífico.
13. No **se ha encontrado** al niño.
14. **Se envió** la postal desde Roma.
15. **Se había cortado** el pollo en trozos pequeños.

11.

Posibles respuestas

1. La carne será comprada por Carmen.
2. Las maletas han sido subidas por mí.
3. El pastel de chocolate fue hecho por mi madre.
4. La basura fue bajada por Nicolás.
5. La comida es pagada por Guillermo.
6. Tu bolso ha sido robado por Carlota.
7. Las llaves habían sido perdidas por José.
8. El recado fue escrito por él.
9. Las noticias en televisión son presentadas por Olga Viza.
10. Las flores han sido enviadas por mi marido.
11. La puerta será dejada abierta por Antonio.
12. Los pasteles fueron comprados por mis hermanas.
13. La radio es escuchada por Ana.
14. La bicicleta ha sido rota por Virginia.
15. *El Guernica* fue pintado por Pablo Picasso.

12.

1. El hombre pisó la Luna en 1969.
2. Miguel decorará la habitación.
3. María cocina el pescado.
4. Rocío hará la cama.
5. Yo había lavado los pantalones.
6. Juan ha limpiado el suelo.
7. José utilizaba el ordenador.
8. Marta compra el pan.
9. Ella ha lavado la ropa.
10. Joaquín cambió las bombillas.
11. Ana leía el libro.
12. Juana sube las maletas.
13. Un conductor borracho atropelló al perro.
14. Unos compradores han visitado la casa.
15. Unos desconocidos asaltan el banco.

13.

1. El ascensor se arregló.
2. La noticia se anuncia en la televisión.
3. La boda del príncipe se anunciará en un comunicado oficial.
4. La carne de cerdo se vende a bajo precio.
5. Las declaraciones del rey se habían emitido por la radio.
6. Las ramas del árbol se han cortado.
7. Los perfumes se compraban en una perfumería.
8. El barco se vende por 4.000 pts. (240,39 €).
9. La novela se publicará la semana próxima.
10. El fax se ha enviado esta mañana.
11. Los periódicos se habían vendido en el quiosco del parque.
12. El secreto se desvela.
13. Los regalos se comprarán mañana.
14. El cuadro se pintó a principios de siglo.
15. Los reportajes se emitían por la noche.